Medienwissen kompakt

Herausgegeben von
K. Beck, Berlin, Deutschland
G. Reus, Hannover, Deutschland

Die Reihe Medienwissen kompakt greift aktuelle Fragen rund um Medien, Kommunikation, Journalismus und Öffentlichkeit auf und beleuchtet sie in eingängiger und knapper Form aus der Sicht der Publizistik- und Kommunikationswissenschaft. Die Bände richten sich an interessierte Laien ohne spezielle Fachkenntnisse sowie an Studierende anderer Sozial- und Geisteswissenschaften. Ausgewiesene Experten geben fundierte Antworten und stellen Befunde ihres Forschungsgebietes vor. Das Besondere daran ist: sie tun es in einer Sprache, die leicht lebendig und jedermann veständlich sein soll.

Mit einer möglichst alltagsnahen Darstellung folgen Herausgeber und Autoren dem alten publizistischen Ideal, möglichst alle Leser zu erreichen. Deshalb verzichten wir auch auf einige Standards „akademischen" Schreibens und folgen stattdessen journalistischen Standards: In den Bänden dieser Reihe finden sich weder Fußnoten mit Anmerkungen noch detaillierte Quellenbelege bei Zitaten und Verweisen. Wie im Qualitätsjournalismus üblich, sind alle Zitate und Quellen selbstverständlich geprüft und können jederzeit nachgewiesen werden. Doch tauchen Belege mit Band- und Seitenangaben um der leichten Lesbarkeit willen nur in Ausnahmefällen im Text auf.

Herausgegeben von

Klaus Beck
Berlin, Deutschland

Gunter Reus
Hannover, Deutschland

Holger Schramm
Benedikt Spangardt · Nicolas Ruth

Medien
und Musik

Holger Schramm
Würzburg, Deutschland

Benedikt Spangardt
Würzburg, Deutschland

Nicolas Ruth
Würzburg, Deutschland

Medienwissen kompakt
ISBN 978-3-658-01323-3   ISBN 978-3-658-01324-0   (eBook)
DOI 10.1007/978-3-658-01324-0

Die Deutsche Nationalbibliothek verzeichnet diese Publikation in der Deutschen Nationalbibliografie; detaillierte bibliografische Daten sind im Internet über http://dnb.d-nb.de abrufbar.

Springer VS

Lektorat: Barbara Emig-Roller, Monika Mülhausen

Gedruckt auf säurefreiem und chlorfrei gebleichtem Papier

Springer VS ist Teil von Springer Nature
Die eingetragene Gesellschaft ist Springer Fachmedien Wiesbaden GmbH
Die Anschrift der Gesellschaft ist: Abraham-Lincoln-Str. 46, 65189 Wiesbaden, Germany

Inhalt

1. Intro: »Anyplace, Anywhere, Anytime« –
Eine Welt voller Musik | 1

2. »There's a Song on the Jukebox« –
Vom Musiktonträger zum Streaming | 7

3. »Radio Ga Ga« –
Von der Radiomusik zum Webradio | 21

4. »Hidden Persuasion« –
Von der Filmmusik zur Werbemusik | 41

5. »Video Killed the Radio Star« –
Von MTV zu YouTube | 65

6. »The Winner Takes It All« –
Vom Eurovision Song Contest zu The Voice of Germany | 83

7. Outro: »The Show Most Go On!« –
Eine Medienwelt voller Musik | 105

VI   Inhalt

Zum Weiterlesen | 109

Glossar | 113

Stichwortverzeichnis | 121

Die Songs aus den Überschriften | 125

1. Intro: »Anyplace, Anywhere, Anytime« – Eine Welt voller Musik

Wir sind täglich und überall von Musik umgeben. Vor allem das mediale Angebot an Musik ist nahezu unüberschaubar. Die Entwicklung der Musik in den Medien ist spannend und wird immer rasanter. Außerdem werfen neue Technologien neue Fragen auf. Im einführenden Kapitel – unserem »Intro« – werfen wir einen kurzen Blick auf die mediale Musikgeschichte und geben die Bühne frei für die weiteren Kapitel dieses Buches.

Leider sind Zeitreisen immer noch eine Utopie. Wären sie möglich, würden wir, die Autoren dieses Buchs, uns hundert Jahre zurückversetzen lassen. Wir haben im Geschichtsunterricht zwar gut aufgepasst und haben eine ungefähre Ahnung, wie das Alltagsleben damals ausgesehen haben könnte. Aber wie hat es sich wohl *angehört*? Was und wie viel hätten unsere Ohren in der damaligen Zeit zu hören bekommen? Versuchen wir, uns diese Alltagswelt einmal vorzustellen und reisen in Gedanken genau hundert Jahre zurück – ins Jahr 1916: Auf den Straßen fahren Pferdewagen. Autos sind eine absolute Rarität, Autolärm ebenfalls. Kaum jemand besitzt ein Telefon, das klingeln könnte. In den USA stehen zwar die ersten Radiogeräte in den Wohnstuben, in Deutschland aber noch kein einziges, denn die erste Rundfunksendung wird erst in sieben Jahren ausgestrahlt werden. Fernseher? Müssen erst noch erfunden werden. Erst recht Computer! Daher glaubt uns im Jahr 1916 auch keiner, dass es mal so etwas wie das Internet geben wird. Smartphones sind vollkommen utopisch und daher kompletter Irrsinn!

Wie aber hätten wir denn im Jahr 1916 unsere tägliche Dosis Musik hören können, wo doch selbst die »gute alte CD« erst in knapp 65 Jahren ihre Markteinführung erleben wird? Mit ein bisschen Glück wären unsere Eltern damals reich genug gewesen, um sich ein Grammophon und ein paar Schellack-Schallplatten leisten zu können. Wenn nicht, hätten wir vielleicht bei reichen Freunden, Bekannten oder Nachbarn gelegentlich mal mithören dürfen. Ansonsten wäre uns wohl nur die Tanzkapelle geblieben, die jedes Wochenende im Dorfgasthof aufspielte, oder wir hätten selbst zur Gitarre greifen müssen.

Musik – erst recht medial vermittelte Musik – bestimmte vor hundert Jahren also nicht unseren Alltag. Sie war etwas Besonderes und Außergewöhnliches, etwas, auf das man hinfieberte, etwas, dem man große Aufmerksamkeit schenkte, wenn man es zu hören bekam.

Ganz anders unsere heutige Zeit: Von den etwa 16 Stunden am Tag, die wir nicht schlafen, hören wir mindestens fünf Stunden Musik. Oft ist uns dieses Ausmaß gar nicht bewusst, weil die Musik die meiste Zeit fast unbemerkt im Hintergrund läuft – sei es beim Friseur, im Kaufhaus, im Restaurant, im Supermarkt oder zuhause, wenn uns das Radiogedudel nebenbei die Zeit beim Putzen, Bügeln, Aufräumen und Essen zu verkürzen scheint. Die Deutschen hören im Durchschnitt mehr als drei Stunden Radio pro Tag, und zu 75 Prozent läuft dort Musik – also hören wir täglich fast zweieinhalb Stunden Musik allein übers Radio. Dazu kommt ca. eine halbe Stunde Musik über Tonträger wie die CD oder den MP3-Player. Von den dreieinhalb Stunden, die wir täglich im Durchschnitt fernsehen, entfällt ein großer Teil auf Filme, Serien und – nicht zu vergessen – die Werbung. Und diese Angebote sind fast durchgängig mit Musik unterlegt. Bei Jugendlichen und jüngeren Erwachsenen kommt dann noch eine ordentliche Portion Online-Musiknutzung hinzu, sei es über YouTube oder die Musikstreaming-Dienste, und ersetzt in diesen Hörergruppen nach und nach die traditionelle Tonträger- und Radionutzung. Mit anderen Worten: Wenn wir audiovisuelle Medien nutzen, dann ist da meist Musik im Spiel, ob wir wollen oder nicht, ob wir uns dem Medienangebot gerade wegen seiner Musik zugewendet haben oder nicht.

Wo wir uns vor hundert Jahren richtig anstrengen mussten, um Musik zu hören, müssen wir uns heute anstrengen, ihr in irgendeiner Weise auszuweichen. Musik ist überall – und das spiegelt sich auch in Zahlen und Fakten zum medialen Musikangebot wider: Allein in Deutschland haben wir über 300 UKW-Radiosender, die über Antenne zu empfangen sind. Rund 90 Prozent dieser Sender spielen überwiegend Musik, definieren sich also über ein sogenanntes Musikformat. Im Internet können wir die meisten dieser Radiosender ebenfalls finden und als Livestream hören. Dazu gesellen sich aber weitere 1700 Webradios, die in der Regel jeweils gleich mehrere Musikprogramme anbieten. Und das ist nur das deutsche Angebot! Im Fernsehen fällt weniger die Masse als die Bedeutung einzelner Musikangebote ins Gewicht: Musikshows wie »Feste der Volksmusik« mit Florian Silbereisen, Hitparaden wie »Die ultimative Chartshow« mit Oliver Geissen, der jährliche europaweite Musikwettbewerb »Eurovision Song Contest« und die wöchentlich in irgendeinem Format ausgestrahlten Musikcastingshows wie »Deutschland sucht den Superstar« oder »The Voice of Germany« ziehen regelmäßig ein Millionenpublikum an. Gerade die Castingshows gehören zu den erfolgreichsten Fernsehangeboten der letzten 20 Jahre und haben sich deshalb immer weiter ausdifferenziert. Zählt man Kinderformate wie »The Voice Kids«, »Got To Dance Kids« oder auch »Dein Song« (KiKA) dazu, kommt man mittlerweile auf ein Dutzend Formate, die allein im deutschen Free-TV laufen.

Die reinen Musikfernsehsender wie VIVA und MTV haben dagegen nicht mehr die Bedeutung wie vor 20 oder 25 Jahren, aber trotzdem sind solche Sender über Satellit noch verfügbar. Wer heute Videoclips schauen möchte, muss aber nicht mehr MTV einschalten, wo doch bei YouTube alles auf Knopfdruck zu bekommen ist. Wer heute seine Lieblingsmusik unterwegs hören möchte, muss auch keine Musikkassetten für den Walkman oder CDs für den Discman mehr kaufen. Er muss nicht aus dem derzeit auf dem Markt verfügbaren Angebot von ca. 300 000 Musiktonträgern auswählen, sondern meldet sich einfach bei einem der Musikstreaming-Dienste an: »30 Millionen Lieder. Streaming-Dienste wie Spotify oder Apple Music bieten unbegrenzten Zugriff auf die Songs der Menschheit. Nun können alle alles hören und das jederzeit«, titelte das Nachrichtenmagazin *Der Spiegel* Anfang 2016.

Und genau das ist die Erwartung, die viele Menschen mittlerweile an Musik haben: Das Motto heißt »Anyplace, Anywhere, Anytime« – jegliche Musik sollte überall und jederzeit verfügbar sein. Das ist durchaus verständlich, denn wenn man auf Knopfdruck innerhalb weniger Sekunden genau die Musik bekommt, die man sich wünscht, kann eine individuelle Nachfrage nach Musik optimal befriedigt werden. Allein in den USA wurden 2015 bereits 317 Milliarden Streams (bei einer Einwohnerzahl von 322 Millionen) abgerufen. Damit stieg die Anzahl innerhalb eines Jahres um 92,8 Prozent. Auch in Deutschland ist das Wachstum rasant: Laut dem Webradiomonitor 2015, einer jährlichen Studie zur Entwicklung der Online-Audio-Angebote in Deutschland, gehen die Streaming-Anbieter davon aus, dass die Abrufzahlen bis zum Jahr 2017 um 210 Prozent steigen werden. Das wäre eine Verdreifachung innerhalb von zwei Jahren. Viele Experten sprechen daher von einer Revolution des Musikhörens, von der größten Veränderung in unserem Hörverhalten seit Erfindung der Schellack-Platte.

Dennoch muss man sich auch fragen, was auf der Kehrseite der Streaming-Medaille steht. Von den 75 Millionen Menschen auf der Welt, die mittlerweile ihre Musik über den Streamingdienst Spotify hören, bezahlen 20 Millionen als Premiumkunden eine monatliche Abogebühr von zehn Euro. 55 Millionen hören die Musik – unterbrochen von Werbung – kostenlos. Zurzeit landet daher in den meisten Fällen auch nur etwa ein Zehntel Cent (0,001 Euro!) pro Streamingabruf beim Künstler. »Im Jahr 2016 muss niemand mehr Musik besitzen, um sie zu hören. Und niemand muss bisher dafür bezahlen, wenn er nicht will. (…) Doch was ist Popmusik noch wert, wenn sie nichts mehr kostet?«, fragt sich nicht nur *Der Spiegel*.

Nun wollen die Autoren dieses Buches nicht mahnend den Zeigefinger heben und in die jüngste Entwicklung den Untergang des musikkulturellen Abendlands hineininterpretieren. Auch reizt es uns nicht, in die Glaskugel zu schauen, um eine ominöse Zukunft vorherzusagen. Vielmehr ist es unser Anliegen, zurückzublicken, um zu beschreiben und zu erklären, wie sich Musik in den Medien gewandelt hat und zu dem geworden ist, was wir heute als Status quo vorliegen haben.

Alles begann vor über hundert Jahren. Wir werden daher eine Reise durch die Geschichte der medialen Musik unternehmen. Pro Kapitel widmen wir uns einem zentralen Musikmedienbereich und gehen auf wesentliche Entwicklungen, Ereignisse, Erkenntnisse und Anekdoten ein. Da die Medien heutzutage mehr und mehr verschmelzen, sind auch die von uns entworfenen medienspezifischen Entwicklungslinien streng genommen nicht völlig voneinander getrennt zu sehen. Trotzdem lassen sich diese Linien in der Musikmediengeschichte deutlich erkennen. Ihnen zu folgen, ist für das Verständnis der heutigen und zukünftigen Musikwelt sehr wichtig.

2. »There's a Song on the Jukebox« – Vom Musiktonträger zum Streaming

Als der amerikanische Countrysänger David Wills 1975 die Single »There's a Song on the Jukebox« herausbrachte, hatte die besungene Jukebox ihre besten Tage schon hinter sich. Tonträger waren für jedermann problemlos zu bekommen: Wills' Single war, wie üblich zu jener Zeit, auf Vinyl erhältlich – also als Schallplatte. Heute, über vierzig Jahre nach der Erstveröffentlichung dieser Single, ist es kein Problem, sich den Song herunterzuladen oder auf YouTube oder Spotify anzuhören. Die Art und Weise, wie Musik aufgenommen und abgespielt wird, hat sich rasant entwickelt und ist Thema des folgenden Kapitels. Außerdem erklären wir, wie der Verkauf von Tonträgern gemessen wird und die Charts entstehen.

Schallschwingungen technisch aufzeichnen und wiedergeben zu können, bedeutete eine Revolution für den Musikmarkt und die Musikkultur. Als Thomas Alva Edison 1877 seinen *Phonographen* zum Patent anmeldete, hatte er eigentlich im Sinn, damit Sprache aufzeichnen zu können. Das funktionierte auch: Man sprach gegen eine Membran, die eine Nadel in Schwingungen versetze. Die Nadel übertrug die Schwingungen auf eine mit Stanniolfolie bezogene Walze. Das Gerät konnte die Töne auch wiedergeben, und zum ersten Mal konnte ein Mensch seiner eigenen Stimme von einem Tonträger lauschen. 1889 kam Louis Glass die Idee, den Phono-

graphen als Aufnahme- und Abspielgerät für Musik zu benutzen. Er ließ den Automaten an öffentlichen Orten aufstellen
(ursprünglich, um den Verkauf der Maschinen anzukurbeln).
Gegen Geld konnte man Musik anhören – damit waren Glass'
Phonographen die Vorgänger der *Jukebox*.

Eine vom Prinzip her ähnliche Erfindung wie Edison
machte der Deutsche Emil Berliner. Auch er dachte dabei
noch eher an Sprachaufzeichnung als an Musik. Berliner benutzte zur Tonaufzeichnung beschichtete Glas- und später
Hartgummischeiben, in die eine Nadel von außen nach in-
nen schneckenförmig eine Rille mit den Schallinformationen
einritzte. Er entwickelte auch das dazu passende Abspielgerät, das *Grammophon*. Die Scheiben nannte er *Schallplatten*.
Ab 1896 benutzte Berliner Platten aus Schellack: Die klan-
gen besser und waren haltbarer. Schallplatten ließen sich bald
in großer Masse und günstig herstellen – anders als Edisons
Wachswalzen. Emil Berliner erkannte auch schnell, dass seine Erfindung gut zu vermarkten war. Er begann, Musikauf-
zeichnungen und Abspielgeräte im großen Stil zu verkaufen
und läutete damit das Zeitalter der massenhaften Verbreitung
von Musik ein. Dass Musik nun nicht mehr an einen (Kon-
zert-)Raum oder eine bestimmte Zeit gebunden war, damit
sie jedermann hören konnte, war etwas völlig Neues und hatte bahnbrechenden Erfolg.

Entwicklung der Tonträger

Die ersten Tonträger waren also die Walze und die Schallplatte. Ab 1948 stellte man Schallplatten nicht mehr aus Schellack
her, sondern aus Vinyl. Das zerbrach nicht so leicht und ermöglichte noch bessere Klangqualität. Die zu jener Zeit ein-
geführten Formate sind heute noch gebräuchlich, vor allem
die LP und die Single. Die LP (»Long Play«, also Langspiel-
platte) misst 30 Zentimeter im Durchmesser und wird nor-

malerweise mit 33⅓ Umdrehungen pro Minute abgespielt. Die »kleine Schwester« der LP ist die Single, die nur 17,5 Zentimetern im Durchmesser hat und meist mit 45 Umdrehungen pro Minute abgespielt wird. Auf eine Single passen etwa vier bis fünf Minuten Musik pro Seite, auf eine LP etwa 20 bis 25 Minuten. Die Schallplatte wurde schnell zum Standard und blieb unangefochtener Tonträger Nummer Eins bis zur Einführung von Musikkassette und CD.

Die nächste bahnbrechende Erfindung für den Tonträgermarkt war die *Musikkassette* (auch MusiCassette, MC oder Compact Cassette, CC). Sie besteht aus einem Tonband im Kunststoffgehäuse. Das Prinzip der elektromagnetischen Tonaufzeichnung und -wiedergabe auf Bändern war schon seit 1899 bekannt. Der niederländische Elektronikkonzern Philips machte das System 1963 für die Heimanwendung tauglich. Ab den frühen 1970er Jahren bis weit in die 1990er Jahre hinein war die Kassette eines der meistgenutzten Musikmedien neben Schallplatte und später CD. Sie hatte zwei große Vorteile: Zum einen wurde Musik zum ersten Mal mobil: Die Kassette war klein und handlich, und mit der Einführung von Sonys *Walkman* als tragbarem Abspielgerät begann das Zeitalter der Musik »zum Mitnehmen«. Zum anderen war es jetzt auch für Privatpersonen ohne großen technischen Aufwand möglich, Musik aufzunehmen. Mit einem *Kassettenrecorder* konnten beispielsweise Stücke aus dem Radio mitgeschnitten oder Stücke von verschiedenen Kassetten zu einem »Mixtape« zusammengestellt werden. Kassetten mit einer Spielzeit von 30, 45 oder 60 Minuten pro Seite waren am meisten verbreitet.

Die Einführung digitaler Speichermedien sorgte dann ab den 1980er Jahren für Umwälzungen im Musikmarkt. 1981 wurde die *Compact Disc* (CD) auf der Internationalen Funkausstellung in Berlin vorgestellt. Die runde Scheibe aus Kunststoff ist mit Metall beschichtet und hat meist einen Durchmesser von 12 Zentimetern. Standardmäßig fasst sie 74 Minuten Musik, was angeblich darauf zurückgehen soll, dass die Entwickler sich als Ziel gesetzt hatten, mit dem neuen Medium eine ganze Aufnahme von Beethovens 9. Sinfonie ohne Unterbrechung abspielen zu können. 1984 hatte die CD in Deutschland ihren Marktdurchbruch und sollte für die nächsten drei Jahrzehnte den Musikmarkt dominieren.

Bis zu dieser Zeit war der Vertrieb von Musik an physische Tonträger gebunden. Das heißt nichts anderes, als dass man zwingend eine »Konserve« in der Hand halten musste, ob nun Platte, Kassette oder CD. Das änderte sich mit der Einführung von nonphysischen Übertragungsformaten für Musik, allen voran dem *MP3*-Format. Das MP3-Verfahren ist ein Komprimierungsverfahren für digitale Audiodateien und wurde in den 1980er Jahren im Wesentlichen am Fraunhofer-Institut für Integrierte Schaltungen in Erlangen von Karlheinz Brandenburg und Hans-Georg Musmann entwickelt. Schon ab Mitte der 1990er Jahre war Software für PCs im Umlauf, die es erlaubte, MP3-Dateien abzuspielen. 1998 kam der erste tragbare *MP3-Player* auf den Markt. 1999 startete die Musiktauschbörse Napster. Diese und viele weitere Plattformen im Internet ermöglichten es Nutzern, ihre Musik zu tauschen, ohne an Tonträger gebunden zu sein. Urheberrechtlich war das problematisch, und Napster musste 2001 schließen. Der Siegeszug der Musikdownloads war aber nicht mehr aufzuhalten und erfuhr einen wichtigen Schub durch den Downloadstore *iTunes* von Apple ab 2003. Heute ist nicht einmal mehr der Besitz der Datei und die Speicherung auf dem Rechner nötig: Musikstreaming über Internetradio (wie Pandora oder last.fm), Videoplattformen (YouTube, vevo) oder spezielle *Streamingdienste* (Spotify, Deezer) funktioniert, ohne dass die Musik dauerhaft beim Nutzer gespeichert wird. 2015 machte der Umsatz mit digitalen Medien (Downloads und Streaming) bereits über 30 Prozent des Gesamtumsatzes der Musikindustrie in Deutschland aus.

Entwicklung von Absatz- und Umsatzzahlen

An den Absatzzahlen der Musiktonträger lässt sich sehr gut die Entwicklung und Markteinführung neuer Tonträger nachvollziehen. Im Jahr 1978 wurden in Deutschland 64 Millionen LPs verkauft. Das war der Höhepunkt des Schallplattenabsatzes in Deutschland. Zum Vergleich: 1954 wurden etwa 25 Millionen Schallplatten verkauft. Ab 1978 gingen die Verkäufe dann zurück, und zwar zunächst zugunsten der Musikkassette, die vor allem günstiger war. Nach der Einführung der CD Anfang der 80er Jahre dauerte es keine zehn Jahre, bis diese die LP und die Kassette als Standardtonträger abgelöst hatte: Schon 1989 wurden zum ersten Mal mehr CDs (56,9 Millionen) als LPs (48,3 Millionen) verkauft. Die LP-Verkäufe waren ab den frühen 90er Jahren unbedeutend, und die meisten Künstler veröffentlichten gar keine Musik mehr auf Vinyl. In diesem Nischenmarkt ist allerdings in letzter Zeit ein Aufschwung zu beobachten: Seit 2006 (300 000 verkaufte LPs) steigt der Absatz wieder: 2012 gingen eine Million Schallplatten über die Ladentheken, 2014 1,8 Millionen. Die Absätze von CD-Alben fallen seit Anfang des 21. Jahrhunderts stetig: 1999, auf dem Höhepunkt des Absatzes, wurden 152 Millionen Alben auf CD verkauft, 2012 waren es noch etwa 93 Millionen und 2014 87 Millionen.

In Zeiten von Download und Streaming – also von »nichtphysischen« Tonträgern – ist der Absatz, also der Verkauf »pro Stück« oder »pro Album«, keine Größe mehr, mit der man gute Vergleiche anstellen kann. Daher schaut man meist auf die Umsatzzahlen, die zeigen, wie viel Geld mit den einzelnen Möglichkeiten der Musikspeicherung und -wiedergabe erwirtschaftet wurde.

Insgesamt waren die Umsatzzahlen im deutschen Musikmarkt seit Ende der 1990er Jahre rückläufig: Etwa 2,75 Milliarden Euro wurden 1997 mit Musikverkäufen erwirtschaftet, 2012 waren es nur noch gut 1,44 Milliarden Euro. In den letzten Jahren lässt sich hier aber eine leichte Erholung beobachten: 2015 wurden 1,55 Milliarden Euro umgesetzt. Davon entfallen etwa ein Drittel auf Umsätze mit nicht-physischen Tonträgern (also Downloads und Streaming) und zwei Drittel auf Umsätze mit physischen Tonträgern (immer noch hauptsächlich CD-Alben, siehe Abbildung 1).

Die Entwicklung der Umsatzzahlen ist der Entwicklung der Absatzzahlen in gewisser Weise ähnlich. 1980 erreichte der Umsatz mit Schallplatten seinen Höhepunkt: Rund 760 Millionen Euro erwirtschaftete die Musikbranche in jenem Jahr mit LPs – so viel wie nie zu vor und auch nie mehr danach. Die Musikkassette erreichte ihren Umsatzhöhepunkt 1991 mit 525 Millionen Euro, und die CD brachte der Musikwirtschaft 1997 am meisten Geld ein, nämlich satte 2,3 Milliarden Euro (siehe Abbildung 2). Die CD war und ist das Rückgrat der Tonträgerindustrie: 1997 hatte sie einen Umsatzanteil von 83 Prozent am Gesamtumsatz der Tonträgerverkäufe, und auch 2015 sorgten CD-Alben noch für 61 Prozent des Gesamtumsatzes mit Tonträgern.

Ab 1997 beginnen die Umsätze der Musikwirtschaft mit Tonträgern zu sinken, ab 2000 stürzt die Musikindustrie in eine schwere Krise. Als Auslöser dafür gelten vor allem illegale Musikdownloads: 1999 etabliert sich das Musiktauschportal Napster als eine von vielen Peer-to-Peer-Musiktauschbörsen. Musik ist im Netz verfügbar, aber die Technologie ermöglicht es von dieser Zeit an auch, Musik auf CDs zu brennen und weiterzugeben, ohne dass die Musikindustrie daran Geld verdient. 1999 werden in Deutschland 58 Millionen CD-Rohlinge verkauft, 2004 sind es schon 303 Millionen. Die Anzahl der verkauften bespielten Original-CDs geht im gleichen Zeitraum von 210 Millionen auf 146 Millionen zurück.

Die Musikindustrie musste kämpfen, um sich zu behaupten. Sie ist aber seit einiger Zeit recht erfolgreich darin, sich auch auf dem digitalen Markt zu etablieren und die illegalen Möglichkeiten der Musikbeschaffung zurückzudrängen. 2003

Abb. 1 Umsatzzahlen im deutschen Musikmarkt 2015[1]

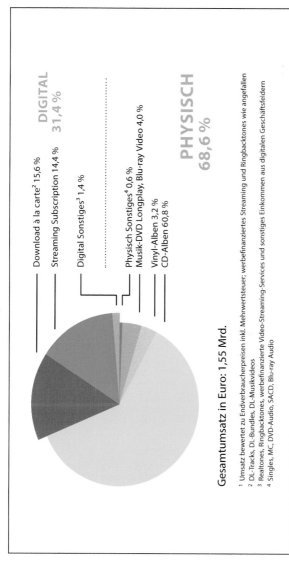

Download à la carte[2] 15,6 %

Streaming Subscription 14,4 %

Digital Sonstiges[3] 1,4 %

Physisch Sonstiges[4] 0,6 %
Musik-DVD Longplay, Blu-ray Video 4,0 %

Vinyl-Alben 3,2 %
CD-Alben 60,8 %

DIGITAL
31,4 %

PHYSISCH
68,6 %

Gesamtumsatz in Euro: 1,55 Mrd.

[1] Umsatz bewertet zu Endverbraucherpreisen inkl. Mehrwertsteuer; werbefinanziertes Streaming und Ringbacktones wie angefallen
[2] DL-Tracks, DL-Bundles, DL-Musikvideos
[3] Realtones, Ringbacktones, werbefinanzierte Video-Streaming-Services und sonstiges Einkommen aus digitalen Geschäftsfeldern
[4] Singles, MC, DVD-Audio, SACD, Blu-ray Audio

Quelle: Bundesverband Musikindustrie e.V.; GfK Entertainment
Mit freundlicher Genehmigung des Bundesverbandes Musikindustrie

Abb. 2   Umsatzentwicklung im deutschen Musikmarkt 1984–2014

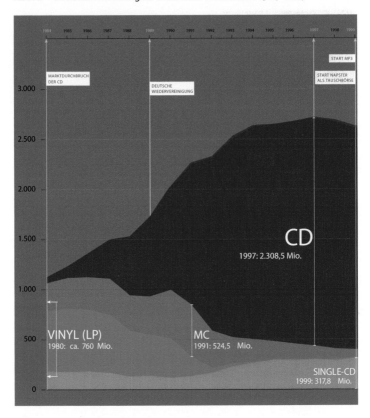

Quelle: Bundesverband Musikindustrie e.V.; GfK Entertainment
Quellen: BVMI; auf Basis der Mitglieder-Meldestatistik hochgerechnet auf den Gesamt-
markt, ab 2008 Phsysisch und Download auf Basis Handelspanel GfK Entertainment
Musik im digitalen Wandel: Eine Bilanz aus zehn Jahren Brennerstudie; Digital Musik
Report; pro-music.org
Umsätze vor 1990: Umrechnung zum fixen Wechselkurs (1,95583 DM = 1 Euro), Rekordum-
satz pro Format
Mit freundlicher Genehmigung des Bundesverbandes Musikindustrie

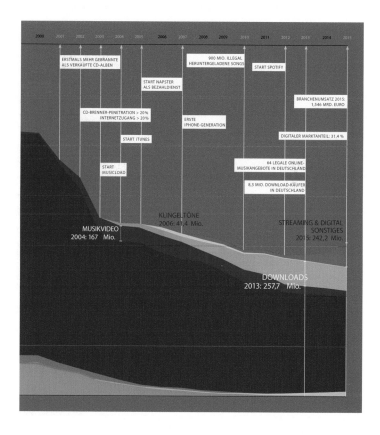

startete der Online-Musikdienst Musicload der Deutschen Telekom. Einen wichtigen Impuls in diesem Marktsegment lieferte Apple mit dem Deutschland-Start des Portals iTunes 2004. 247 Millionen Euro setzte die deutsche Musikindustrie 2014 mit Musikdownloads um, nach einer Phase des Wachstums von 2003 bis 2011 stagniert diese Zahl allerdings. Dafür erobert das Streaming den Musikmarkt. 2008 war es noch für etwa 12 Millionen Euro Umsatz verantwortlich, 2012 für 29 Millionen Euro und 2014 für 108 Millionen Euro. Das sind etwa acht Prozent des Gesamtumsatzes der deutschen Musikindustrie. Auch die reine Anzahl der Streams ist durch die Decke gegangen: von etwa 99 Millionen Streams wöchentlich Ende 2012 auf 617 Millionen Streams pro Woche Ende 2015 – das entspricht einem Wachstum von gut 520 Prozent (siehe Abbildung 3).

Dass der Anteil des Streamingumsatzes am Gesamtumsatz der Musikindustrie mit acht Prozent relativ gering ist, obwohl die Nutzung extrem wächst, zeigt ein grundlegendes Problem, mit dem sich die Musikwirtschaft momentan beschäftigt: Mit Streaming kann man nicht so viel Geld verdienen wie mit dem Verkauf der physischen Tonträger.

Geld verdient vor allem, wer erfolgreich ist – das gilt auch in der Musikbranche. Ein Gradmesser für »Erfolg« können die Charts sein. Wie die Charts zustande kommen, wird im nächsten Abschnitt erklärt.

Was sind die Charts?

Die Charts sind Listen (engl. »chart« = Tabelle) der am meisten verkauften Tonträger. Für die Charts war in Deutschland früher auch der Begriff Hitparade üblich. Die Charts stellen dar, wie erfolgreich ein Musiktitel oder ein Album ist: Die Nummer Eins der Charts ist der momentan erfolgreichste Titel auf dem Markt. Die zehn erfolgreichsten Titel wer-

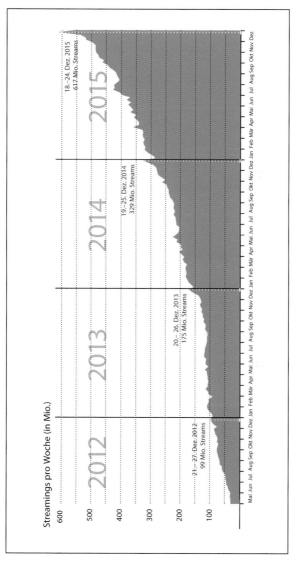

Abb. 3 Musikstreamings 2012–2015

Streamings pro Woche (in Mio.)

600

500

400

300

200

100

21.–27. Dez. 2012
99 Mio. Streams

20.–26. Dez. 2013
175 Mio. Streams

19.–25. Dez. 2014
329 Mio. Streams

18.–24. Dez. 2015
617 Mio. Streams

Mai Jun Jul Aug Sep Okt Nov Dez Jan Feb Mär Apr Mai Jun Jul Aug Sep Okt Nov Dez Jan Feb Mär Apr Mai Jun Jul Aug Sep Okt Nov Dez Jan Feb Mär Apr Mai Jun Jul Aug Sep Okt Nov Dez

Quelle: GfK Entertainment; Premium und werbefinanzierte Streams der Audio-Streaming-Plattformen, Marktabdeckung ca. 96 %
Mit freundlicher Genehmigung des Bundesverbandes Musikindustrie

den oft als Top 10 bezeichnet, die hundert erfolgreichsten Titel sind entsprechend die Top 100. Um die Charts zu ermitteln, also um den Erfolg einer Musikproduktion zu messen, gibt es verschiedene Methoden. Man kann beispielsweise die Verkaufszahlen oder den Umsatz von Tonträgern abfragen und bekommt *Verkaufscharts*. Wenn die Beliebtheit von Titeln gemessen wird, indem man Musikkonsumenten befragt, erhält man *Hörercharts* oder *Lesercharts*. Man kann auch ermitteln, welche Titel am meisten von den Radiostationen gespielt werden, das sind die sogenannten *Airplay-Charts*. Auch Kombinationen dieser drei Methoden kommen vor.

Im Juli 1940 begann das Musikmagazin *Billboard* in den USA mit der regelmäßigen Veröffentlichung von Charts. Diese bestanden damals aus wöchentlich veröffentlichten Listen der am meisten verkauften Singles. In Deutschland erschien die erste Single-Hitparade 1954 in der Zeitschrift *Der Automatenmarkt*. Warum gerade dort? Das lag an den Jukeboxen: In den 50er Jahren wurden die Musikautomaten, die man zum Beispiel in Gaststätten aufstellte, in Deutschland immer beliebter (Abb. 4). Die monatlichen Charts gaben zu der Zeit Aufschluss darüber, welche Songs momentan am meisten an den Jukeboxen ausgewählt wurden. Diese Statistik erhob die Branchenzeitschrift *Der Automatenmarkt*.

Ab 1959 übernahm *Der Musikmarkt* die Veröffentlichung der Charts. Ab 1977 erhob die Zeitschrift die Charts nicht mehr selbst, sondern beauftragte Media Control. Heute werden die offiziellen Charts von den Marktforschern der Firma GfK Entertainment erhoben, in der Media Control aufgegangen ist. Die Erstellung der wöchentlichen Charts gibt der Bundesverband Musikindustrie (BVMI) in Auftrag.

Die offiziellen Charts in Deutschland sind Verkaufscharts. Vor 2007 war die verkaufte Stückzahl eines Tonträgers entscheidend für die Chartplatzierung. Heute ist maßgeblich, wie viel Umsatz ein Tonträger erzielt. Das heißt übrigens, dass von günstigeren Tonträgern mehr Exemplare verkauft werden

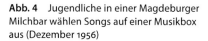

Abb. 4 Jugendliche in einer Magdeburger Milchbar wählen Songs auf einer Musikbox aus (Dezember 1956)

Bundesarchiv, Bild 183-43242-0001, Fotograf: Rösener

müssen als von teuren, damit sie in den Charts weiter oben landen. Alle Verkäufe aus Geschäften und Online-Shops fließen in die Charts ein. Seit 2004 werden auch Musikdownloads eingerechnet, und seit Januar 2014 zählen zudem Streamings für die Single-Charts.

Neben den bekannten offiziellen Top-100-Single-Charts und Top-100-Album-Charts gibt der BVMI noch weitere Charts in Auftrag, beispielsweise die Top-20-Klassik-Charts, die Top-20-Schlager-Charts, die Top-20-Jazz-Charts und einige mehr.

Titel, die sich besonders lange in den Charts halten, sind sogenannte Dauerbrenner. Heute gibt es mehr Dauerbrenner als früher, weil auch die Downloads und Streamings in die Charts einfließen und sich Titel so länger in den Charts halten können. Zu Dauerbrennern können auch saisonale Lieder werden, die zum Beispiel jedes Jahr vor Weihnachten oder zum Karneval wieder für einige Wochen in den Charts stehen. Die drei Singles, die sich in Deutschland bislang am längsten in den Charts halten konnten, sind »Sky & Sand« von Paul & Fritz Kalkbrenner (129 Wochen, veröffentlicht 2010), »Last Christmas« von Wham! (119 Wochen, 1985 veröffentlicht) und »Atemlos durch die Nacht« von Helene Fischer (115 Wochen, 2013 veröffentlicht). Die Band mit den meisten Nummer-Eins-Singles in den deutschen Charts sind die Beatles, die mit elf ihrer Singles den Spitzenplatz Eins erreichten, zum Beispiel mit »Yellow Submarine« und »All You Need Is Love«. Auf Platz zwei und drei folgen ABBA (neun Nummer-Eins-Hits) sowie Boney M. und The Sweet (jeweils acht). Die Künstlerin, die in ihrer Karriere die meisten Singles in den deutschen Top 10 platzieren konnte, ist Caterina Valente (36 Singles in den Top 10), vor Peter Alexander (35) und den Beatles (28).

3. »Radio Ga Ga« – Von der Radiomusik zum Webradio

Das Radio war das erste Massenmedium, das Musik verbreitete. Dabei war die Musik am Anfang nicht mehr als ein Lückenfüller. Dieses Kapitel behandelt die Entwicklung des Radios als Musikmedium. Wir schildern, wie und warum sich Formatradios entwickelt haben und welche es gibt. Dann blicken wir auf die Marktforschung und stellen die Frage, wie es Radiosender schaffen, mit ihrer Musik stets den Geschmack der Hörer zu treffen. Außerdem gehen wir auf die Entwicklung von Radios im Internet ein.

Die Anfänge der Radiomusik erzählt eine legendäre Anekdote so: Im Jahr 1906 sendete der kanadische Erfinder Reginald Aubrey Fessenden über seinen Funksender in Brant Rock (Massachusetts) zu Weihnachten erstmalig nicht nur Worte bzw. Sprache, sondern auch Musik. Er unterlegte eine Lesung aus dem Lukasevangelium mit einer Schallplattenaufnahme von Händels »Largo« (aus der Oper *Xerxes*). Selbst Matrosen im 400 Kilometer entfernten Hafen von New York hörten über ihre Funkgeräte mit und wurden so Zeuge der ersten Funk-»Musiksendung«. Dem amerikanischen Erfinder Lee de Forest gelang kurze Zeit später die Entwicklung der sogenannten Audion-Röhre, einer Vakuumröhre, mit der die Sende- und Klangqualität von funkvermittelter Sprache und

Musik verbessert werden konnte. 1916 ging er mit einem eigenen Programm – bestehend aus Schallplattenaufnahmen und Ankündigungen – in New York auf Sendung. In Deutschland wurden die ersten »Radioprogramme« mit Musik gegen Ende des Ersten Weltkrieges 1917 für die Soldaten in den Schützengräben gesendet. Bei der ersten Radiofunkübertragung für die breite Öffentlichkeit, im Jahr 1920, verbreiteten Postbeamte Lieder und Gedichte über den posteigenen Langwellensender in Königs Wusterhausen. Danach dauerte es weitere drei Jahre bis zur Geburtsstunde des deutschen Rundfunks: Am 29. Oktober 1923 wurde mit einem Klassik-Konzert aus dem VOX-Haus in Berlin die erste Musiksendung im Radio ausgestrahlt und der sogenannte »Unterhaltungsrundfunk« begründet.

In den USA war das neue Medium von Anfang an ein äußerst attraktives Instrument für die werbetreibende Industrie, insbesondere für die Musikindustrie, die großzügig das Sponsoring von Programmbestandteilen übernahm. Beide Seiten profitierten davon: Die Radiosender bekamen die Schallplatten kostenfrei, die Musikindustrie bekam die Werbung für ihre Schallplattenaufnahmen kostenfrei. Deutsche Programmmacher dagegen fürchteten, dass ihre Sendungen als Werbesendungen gelten könnten, und sahen die Musik anfänglich gar nicht als Hauptbestandteil, sondern nur als Lückenfüller in Informationsprogrammen. Sie ließen die Musik außerdem von sendereigenen Musikensembles – meist live – spielen. Die Vorteile der Schallplattenradioprogramme setzen sich aber auch bei uns schnell durch: Die Sender hatten ein großes Arsenal an Unterhaltungsmusik, mit der man flexibel, kostengünstig und ohne großen Aufwand ganze Sendestunden schnell füllen konnte. Und die Radiohörer mussten sich nicht die teuren Schallplatten der neuesten Musikstars kaufen, sondern bekamen sie übers Radio »frei Haus« zu hören. Sowohl in den USA als auch in Deutschland entwickelte sich u. a. aus diesem Grund das Radio in den 20er Jahren zum wichtigsten Massenmedium, das die Gesellschaft nicht nur mit Informationen und Nachrichten, sondern auch mit Musik versorgte und verband.

Im »Dritten Reich« unter den Nationalsozialisten wurden alle Radiosender und damit auch die Radiomusik kontrolliert und »gleichgeschaltet«. Neben Jubelreden und Propagandaberichten sollten vor allem Märsche und Kampflieder die Bevölkerung auf eine gemeinsame Linie einstimmen. Die Funkindustrie musste das Einheitsgerät *Volksempfänger* in großen Stückzahlen produzieren und preisgünstig anbieten. Ab 1934 wurde mit dem Slogan »Ganz Deutschland hört den Führer mit dem Volksempfänger« geworben (Abb. 5). Der Frequenz-

Abb. 5   Propaganda-Plakat: Werbung für den »Volksempfänger« im Rahmen der Rundfunkausstellung in Berlin 1936

bpk Bildagentur für Kunst, Kultur und Geschichte

bereich des Volksempfängers war allerdings eingeschränkt, so dass niemand ausländische Sender bzw. »Feindpropaganda« empfangen konnte. Insgesamt war in dieser Zeit das Radioprogrammangebot wenig abwechslungsreich und attraktiv für die Hörer.

Die damaligen drei großen amerikanischen Networks (NBC, CBS, MBS) setzten hingegen auf dem hart umkämpften US-Hörermarkt bereits alles daran, die Radioprogramme attraktiver zu gestalten und auf die Zielgruppe zuzuschneiden. Die Programmmacher unterschieden Musical Shows, Variety Shows, Children's Programs, Talk Programs, Religious Programs und News Commentary, die sie in 15-, 30- und 60-minütigen Segmenten zu einem Gesamtprogramm zusammensetzten. Die 30er Jahre wurden mit einer zunehmenden Anzahl von Sendern und Sendekonzepten in den USA zum »goldenen Zeitalter« des Radios, das Anfang der 40er Jahre wiederum ein schnelles Ende fand: Das Fernsehen eroberte die Prime Time in den Abendstunden und übernahm sowohl die bekannten Radiostars als auch die üppigen Werbeeinnahmen.

Musikradioformate entwickeln sich

Die Radiomacher waren in den 50er Jahren flexibel genug, neue Programmstrategien und Programmformen zu entwickeln, die das Überleben des Radios sicherten. Ziel war es, für die Masse attraktive und moderne Programme zu entwerfen, um die Hörer, die zum Fernsehen abgewandert waren, wieder zurückzugewinnen. Damit war das Zeitalter des Formatradios eingeläutet. Über die »Erfindung« des Formatradios existiert ebenfalls eine legendäre Anekdote. Der Radioforscher Klaus Goldhammer schildert sie so:

»Todd Storz, Manager einer Radiostation namens KOWH-AM in Nebraska, und sein Assistent Bill Stewart beobachteten Anfang 1955 einen ganzen Abend lang in einer Kneipe in Omaha, wie Gäste Geld in die Jukebox warfen, um aus dem Repertoire immer wieder dieselben Hits auszuwählen. Als sich nach Feierabend die Kneipe bereits merklich geleert hatte, machten die beiden eine folgenschwere Beobachtung: Die Angestellten, die den ganzen Abend lang immer wieder dieselben Songs gehört hatten, gingen zu der Musikbox, warfen ebenfalls ihre Münzen ein und wählten wiederum dieselben Musikstücke. Das brachte die beiden auf die Idee, statt des bisher gespielten möglichst breiten Musik-Repertoires aus mehreren tausend oder gar zehntausend Titeln das Programm nur noch auf die aktuellen Hits zu stützen. Das damals noch ›formula radio‹ genannte neue Rundfunkkonzept von Storz und Stewart erhielt den Namen ›Top 40‹ und brachte ihrem Radiosender […] innerhalb weniger Monate riesige Einschaltquoten.«

Storz kaufte weitere Radiosender auf, mit denen er das Top-40-Format ebenfalls erfolgreich am Markt positionierte. Vor allem bei der jugendlichen Hörerschaft zwischen 15 und 35 Jahren war er damit erfolgreich und machte die Storz Broadcasting Company bis Mitte der 60er Jahre zu einem der führenden Radiounternehmen der USA. Viele US-Radiosender folgten dem Beispiel von Storz. Andere wiederum versuchten, die übrigen Hörerzielgruppen abzudecken, so dass sich Ende der 50er Jahre neben den Top-40-Stationen eine zweite Gruppe von Sendern mit Tanz- und Stimmungsmusik sowie eine dritte Gruppe von Sendern mit ausgewählten Hits und Oldies (das spätere »Middle-of-the-Road«-Format, kurz MOR) etablierten. Außerdem entwickelten sich zahlreiche Nischensender mit Programmen für die ethnischen Subgruppen in den USA. Aufgrund der Ausdifferenzierung von populärer Musik in den 50er und 60er Jahren entwickelten sich in den 60er Jahren dann die Musikformate, die – in Form zahlreicher Subformate – noch heute in den USA die Radiolandschaft bestimmen. Auch die Hörerforschung, die die Radiosender damals bereits betrieben, trug dazu bei, dass auf spezielle Hörergruppen zugeschnittene Formate entstehen konnten.

Die US-amerikanische Radiolandschaft differenzierte sich somit im Vergleich zur deutschen schon sehr früh aus, was vor allem an der größeren Konkurrenzsituation auf dem amerikanischen Markt lag. Die USA haben infolgedessen – und das ist nicht nur auf die Größe des Landes zurückzuführen – heute etwa vierzigmal mehr Radiosender und eine zehnfach größere Radiosenderdichte als Deutschland. Die amerikanischen Musikformate sind in der Regel spezialisierter, das heißt, sie bedienen speziellere Zielgruppen. Der Markt teilt sich somit auf mehr Subformate auf. Auch die Marktanteile der Musikformate mit breiten Zielgruppen sind in den USA anders verteilt als in Deutschland. Das in Deutschland dominierende AC-Format (»Adult Contemporary«: Popmusik der letzten zwei Jahrzehnte plus aktuelle Chart-Hits für die Zielgruppe der 14–49-Jährigen) ist in den USA schwächer vertreten. Dafür erfreut sich das Countryformat in den USA größter Beliebtheit, da Countrymusik häufig die traditionellen amerikanischen Werte thematisiert.

Die deutschen Radioprogramme waren nach dem Zweiten Weltkrieg nicht dem »freien Markt« ausgesetzt: Die öffentlich-rechtlichen Sendeanstalten in Westdeutschland bzw. der staatliche Rundfunk der DDR hatten keine Konkurrenz. Das änderte sich in Westdeutschland erst 1984 mit der Einführung des sogenannten dualen Rundfunksystems sowie in Ostdeutschland erst 1990 nach der Wiedervereinigung, als private Radiosender und somit Marktkonkurrenz zugelassen wurde.

Bis zu dieser Öffnung des Hörfunkmarktes verlief die Entwicklung der Musikformate in Deutschland schleppend. Die öffentlich-rechtlichen Rundfunkanstalten sendeten in den 50er Jahren zunächst im Prinzip nur zwei Arten von Programmen: Zum einen massenwirksame Unterhaltungsmusikprogramme mit Tanzmusik, Operetten, Schlagern und Evergreens der 20er und 30er Jahre. Zum anderen Programme mit einem höheren Anteil an E-Musik (»Ernste« Musik, meist gleichbedeutend mit »klassischer Musik«). Typisch für die westdeutschen Radioprogramme der 50er und 60er Jahre waren sogenannte Kästchenradios, die unterschiedlichste Programminhalte hintereinander sendeten, ohne auf einen kontinuierlichen Programm- und Musikfluss zu achten. Die Deutschen lernten jedoch zur gleichen Zeit bereits die Sender der stationierten britischen und US-amerikanischen Soldaten und damit das Formatradio kennen und schätzen. Auch nach Deutschland einstrahlende Sender, allen voran Radio Luxemburg mit einer Mischung aus Schlager und Pop, hatten einen bedeutenden Einfluss. Norbert Bartnik und Frida Bordon resümieren in ihrem Rückblick auf die Rockmusikgeschichte: »Wer Beatles und Stones hören wollte, war gezwungen, über Mittel- und Kurzwelle das englische Programm von Radio Luxemburg anzupeilen oder Piratensender wie Radio Caroline, die auf Schiffen in der Nordsee stationiert waren und in ständigem Konflikt mit den Behörden lagen.«

Die hohe Nachkriegsgeburtenwelle bewirkte – zusammen mit der Entwicklung von Beat- und Popmusik in den 60ern – eine große Nachfrage von jugendlichen Radiohörern nach Sendern wie Radio Luxemburg. So wurde schließlich in den 70ern auch in Deutschland die Entwicklung zum Formatradio (anfangs »Spartenprogramm« genannt) vorangetrieben, mit jugendorientierten und poplastigen Sendern wie SWF 3. Die sogenannten Servicewellen der 70er sendeten ein durchhörbares Programm mit einem klar definierten und in der Regel am Mainstream orientierten Musikspektrum. Es waren folglich die öffentlich-rechtlichen Sendeanstalten, die die Entwicklung der Musikformate in Deutschland entscheidend mitgestalteten, zumal sie über die nötigen finanziellen Mittel und Sendefrequenzen verfügten, ihr Programmangebot auszuweiten. Ein weiteres Beispiel dafür ist die Gründung eines Senders wie WDR 4 – mit einer konsequenten Mischung aus

Schlager, volkstümlicher Musik und Operette – in den 8oer Jahren. Die Ausweitung des Programmangebots hatte auch das Ziel, gewisse Hörersegmente nicht kampflos den privaten Radiosendern zu überlassen, die ab Mitte der 8oer Jahre auf den Markt kamen.

In der deutschen Radiolandschaft konnte man von nun an drei Formen von Programmformaten unterscheiden: Zur ersten gehören vor allem Informations-, News- und Talk-Programme. Eine zweite Form sind die sogenannten Full-Service-Programme; dazu lässt sich z. B. auch das Format »Middle of the Road« (MOR) zählen. Die dritte Form, die bei den Privatradiosendern nahezu ausschließlich zu finden ist, weil sie im Hinblick auf die Werbefinanzierung am attraktivsten ist, sind die musikbasierten Formate, die sich über die gesendete Musik differenzieren und deren Programm durchschnittlich zu rund 70 Prozent aus Musik besteht. Die musikbasierten Formate haben sich im Vergleich zu den zwei erstgenannten Formen am weitesten ausdifferenziert.

Zur Definition von Musikformaten werden die folgenden drei Aspekte herangezogen:

- die Musikfarbe bzw. das Musikgenre
- die Zielgruppe (meist mit Altersspannen definiert, hin und wieder auch mit Einkommen, Bildung und kulturellem Background)
- der Moderationsstil

Die wichtigsten Musikformate auf dem deutschen Markt sind in Tabelle 1 im Überblick dargestellt.

Tab. 1 Die wichtigsten Musikformate auf dem deutschen Markt

Format	Musik	Zielgruppe	Moderation	Beispiele	Bemerkungen
Adult Contemporary (AC)	aktuelle Hits und Hits der letzten 30 Jahre; eher melodiöse Titel aus den Bereichen Pop und Rock	14–49 Jahre	gemäßigt jugendlich, gemäßigt aufdringlich	Antenne Bayern, radio ffn, NDR 2	häufigstes Format (bei ca. 50 % der Privatradiosender)
Contemporary Hit Radio (CHR)	aktuelle Hits aus den Top 40-Charts; Hits der letzten 1–2 Jahre; verschiedenste Musikgenres (wie in den Charts)	14–29 Jahre	jugendlich, frech, eher aufdringlich	bigFM, Radio Energy, N-Joy	zweithäufigstes Format (bei ca. 15 % der Privatradiosender)
Melodieradio	Mischung aus älteren Hits, Schlagern und schlagerartiger volkstümlicher Musik	35 Jahre und älter, durchschn. über 50 Jahre	erwachsen, heiter, beschwingt	105'5 Spreeradio, NDR 1, WDR 4	auch Arabella-Format genannt (Radio Arabella aus München strahlte dieses Musikformat erstmals 1989 aus)
Album Oriented Rock (AOR)	progressive Rockmusik; viele Albumtitel, die nicht in den Charts platziert waren/sind	sozial höher Gebildete ab 18 Jahren	unaufdringlich, sachlich	Rock Antenne	Format, das als Gegenreaktion zu den CHR-Formaten geschaffen wurde
Oldies	englischsprachige Musik der 50er- bis 80er	35 Jahre und älter, durchschn. über 50 Jahre	erwachsen, emotional-nostalgisch	Goldies (Internetradio: rautemusik.fm/goldies)	auch mit Schwerpunkt auf ein bestimmtes Jahrzehnt, z. B. Titel der 50er Jahre (Rock'n'Roll), der 60er Jahre (Beat) oder der 70er Jahre (Disco)

Radiomusik für die Masse. Oder: Die Superhits der 80er, 90er, 00er und das Beste von heute!

Im Gegensatz zu den öffentlich-rechtlichen Radiosendern erhalten private Radiosender keine Gelder aus den Rundfunkbeiträgen. Sie sind komplett auf Werbeeinnahmen angewiesen. Und je höher die Einschaltquoten und Reichweiten von Radioprogrammen sind, desto mehr Werbeerlöse lassen sich erwirtschaften. Nicht verwunderlich also, dass die meisten Privatradiosender auf das AC-Format setzen und aktuelle Hits sowie die Superhits der letzten 30 Jahre spielen. Dies ist die Musikmischung, die den 14- bis 49-Jährigen, also der werberelevanten Zielgruppe, am besten gefällt. Nun hat ein 14-Jähriger in der Regel nicht den gleichen Musikgeschmack wie ein 49-Jähriger. Es ist also nicht leicht, Musikprogramme zu entwickeln, die von einem möglichst großen Personenkreis positiv bewertet und dann auch regelmäßig genutzt werden. Dennoch versuchen die Radiosender, dies mithilfe der Marktforschung umzusetzen. Diese Forschung ermittelt, welche Musik von welchen Personen akzeptiert wird, daher nennt man sie auch *Akzeptanzforschung*. Sie ist neben der Expertise der Musikredakteure die wichtigste Grundlage für die Entscheidung, welche konkreten Musiktitel auf die *Playlist* kommen. Die Playlist umfasst alle Musiktitel, die der Sender in sein Programm integrieren möchte – unabhängig davon, ob der Titel häufig (z. B. bis zu mehrmals täglich) oder selten (z. B. nur zwei-, dreimal im Jahr) gespielt wird. Sie ist also gleichbedeutend mit dem Musikrepertoire eines Radioprogramms und umfasst bei AC-Sendern fast nie mehr als 1000 Titel. In der Regel sind es nur zwischen 200 und 500 Titel. Der Trend geht sogar zu noch kleineren Playlists – insbesondere bei den CHR-Sendern, die die »Top-40«-Idee oft sehr wörtlich nehmen.

Insbesondere zwei Testverfahren wenden Radiosender in der Marktforschung an: Call Outs und Auditorium-Tests.

Call-Outs verwenden die meisten Radiosender, weil sie schnell und günstig umzusetzen sind. Sie sind die zentrale Planungsbasis für das Musikprogramm. Bei einem Call-Out werden wöchentlich oder zumindest alle zwei Wochen etwa 50 *Hooks* 100 bis 200 zufällig ausgewählten Personen der anvisierten Zielgruppe in zufälliger Reihenfolge über das Telefon vorgespielt. Ein Hook ist ein markanter Ausschnitt eines Titels mit einer Länge von acht bis zwölf Sekunden und einem hohen Wiedererkennungswert. Die angerufenen Personen müssen jeden Titel nach mehreren Kriterien beurteilen. In der Regel geht es dabei um drei Aspekte: Bekanntheit (»Haben Sie diesen Titel schon einmal gehört?«), Gefallen (»Wie gefällt Ihnen dieser Titel?«) und Sättigung (»Würden Sie diesen Musiktitel in Ihrem meistgehörten Radioprogramm gerne häufiger hören?«). Über die Sättigung (auch *Burn Out* genannt) wird ermittelt, ob die Hörer es satt haben, den entsprechenden Titel zu hören, weil er bereits zu lange oder zu oft zu hören war. Nur in wenigen Ausnahmefällen werden zusätzliche Fragen gestellt, zum Beispiel nach der vermuteten Senderzugehörigkeit oder nach der gewünschten Tageszeit, zu der ein Titel gespielt werden soll.

Bei den Call-Outs werden insbesondere solche Titel getestet, die sehr häufig im Radio gespielt werden, sich also in einer hohen Rotationsstufe befinden und bei denen es wahrscheinlicher ist, dass bereits eine Sättigung auftritt. Titel können so bei bestimmten Kennwerten zeitnah in das Programm aufgenommen oder ausgeschlossen werden.

Auditorium-Tests hingegen sind zeitlich aufwändiger und kostenintensiver. Deshalb finanzieren die Radiosender sie nur ein- bis zweimal pro Jahr. Eine Gruppe von 150 bis 300 Personen wird nach bestimmten Quoten zusammengestellt – meist so, dass die Zusammensetzung der Gruppe die Zusammensetzung der Zielgruppe des Senders widerspiegelt. Die Personen werden in ein Hotel, einen Kino- oder Hörsaal eingeladen. Dort bekommen sie mehrere hundert Hooks (in

Einzelfällen sogar bis zu 1 000 Hooks) vorgespielt und müssen Bewertungen anhand der oben genannten drei Kriterien vornehmen. Die Auditorium-Tests eignen sich zum Testen großer Teile der Playlist, also auch derjenigen Titel, die sich nicht in der höchsten Rotationsstufe befinden (sogenannte *Recurrents,* die den Back-Katalog bilden).

Die Testergebnisse bzw. »Scores« der drei Kriterien Bekanntheit, Gefallen und Sättigung werden bei beiden Testverfahren für jeden Titel zu Gesamt-Scores verdichtet. Dann werden zielgruppenspezifische Ranglisten gebildet, aus denen leicht abzulesen ist, welcher Titel bei welchen Hörerinnen und Hörern gut oder weniger gut abschneidet. Wie stark die aus diesen Testverfahren gewonnenen Ergebnisse die Programmgestaltung beeinflussen, variiert von Sender zu Sender. In den meisten Fällen dienen die Ergebnisse der Musiktests als Grundlage, auf der die Musikredakteure das Programm dann ausgestalten. Programmmacher von Kultursendern benutzen solche Standardtestverfahren in der Regel gar nicht. Sie bauen vor allem auf das Können und die Erfahrung ihrer Musikredakteure. Wenn sie Marktforschung zu Rate ziehen, ist die Methodik meist breiter und weniger datenorientiert ausgerichtet.

Nachdem Musiktests und Musikredaktion darüber entschieden haben, welche Titel es in die Playlist schaffen, müssen die Programmstunden konkret geplant werden. Musikredakteure benutzen dafür eine Programmplanungs-Software, die seit den 80ern aus der Musikprogrammplanung nicht mehr wegzudenken ist. Für die Programmplanungs-Software ist eine Einteilung nach verschiedenen Kategorien von Musik nötig. Die Kategorisierung nehmen in der Regel erfahrene Musikredakteure vor, die ein sicheres Gespür für die Musikwahrnehmung der angepeilten Programmzielgruppe entwickelt haben. Oberkategorien sind in der Regel Alterseinteilungen der Musiktitel, zum Beispiel für einen AC-Sender:

- Kategorie A = aktuelle Hits
- Kategorie B = Hits, die ein paar Monate bis zu ein paar Jahren alt sind
- Kategorie C = Hits der ooer
- Kategorie D = Hits der 90er
- Kategorie E = Hits der 80er

Zusatzkategorien sind beispielsweise:

- Musikrichtung/Musikgenre
- Tempo (z. B. fast vs. medium vs. slow)
- Klangfülle
- Art der Instrumentierung (z. B. gitarrenlastig vs. keyboardlastig)
- Intensität (z. B. hot vs. medium vs. easy)
- Sprache, in der gesungen wird
- Geschlecht des Interpreten
- Anzahl der Sänger (Solo vs. Duo vs. Gruppe)
- Ausdrucksstimmung des Titels (z. B. traurig vs. fröhlich vs. aggressiv)
- Länge des Intros (»Ramp« = Instrumentalvorspiel) = Vorlaufzeit vom Beginn des Titels bis zum Beginn des Gesangs
- Länge und Art des Endes/Outros (»Cold« = abruptes Ende, »Cold Fade/Quick« = schnelles Ausblenden, »Fade« = langsames Ausblenden)
- Eignung für Eröffnung einer Programmstunde (»Opener«)
- Eignung für bestimmte Tageszeiten
- Eignung für bestimmte Jahreszeiten (z. B. Sommertitel)
- Thematischer Bezug (z. B. Karnevalstitel)
- Informationen als Moderationshilfe (z. B. Jahr der besten Hitparadenplatzierung)

Als nächstes legt der Musikredakteur oder die Musikredakteurin mit der Programmplanungs-Software fest, wie jede einzelne Programmstunde an jedem Tag der Woche zusammengesetzt werden soll bzw. in welcher Reihenfolge welche Kategorie von Musiktiteln in welcher Programmstunde abgespielt werden sollen. Dazu gehört vor allem die Definition von sogenannten Rotationsregeln, die darüber bestimmen, wie oft und in welchem zeitlichen Abstand Musiktitel im Programm zu hören sind. Beispiel:

- Titel der Kategorie A: 2 × täglich
- Titel der Kategorie B: 3 × pro Woche
- Titel der Kategorie C: 1 × pro Woche
- Titel der Kategorie D: 2 × pro Monat
- Titel der Kategorie E: 1 × pro Monat

Es werden auch Platzhalter für Werbung, Senderpromotion (»Promo«), Teaser, Gewinnspiele sowie alle halbe Stunde für den Nachrichten- und Verkehrsfunk-Block mit eingeplant und in einer sogenannten Stundenuhr (auch *Programmuhr* oder *Musikuhr*) visualisiert. Spätestens jetzt beginnt der kreative Teil für Musikredakteure, die auf Basis dieser Stundenuhren den Computer mit dem Rezept »füttern«, mit dem die Software später einen Programmablauf mit konkreten Musiktitelvorschlägen errechnet. Dieser Vorschlag muss noch so nachbearbeitet werden, dass ein harmonischer Musikablauf gewährleistet ist, der auch der Senderphilosophie entspricht.

Obwohl das Radio vor allem als Nebenbei-Medium genutzt wird, ist es das Ziel der Sender, eine gewisse Grundaufmerksamkeit und Grundaktivierung bei den Hörern herzustellen, um das Ab- und Umschalten aus Langeweile zu verhindern und auch um die Aufmerksamkeit auf Senderjingles und Werbeinseln zu erhöhen. Da beim Hören mehrerer Titel mit ähnlichen Merkmalen Aufmerksamkeit und Aktivierung schneller nachlassen, wird das Musikprogramm möglichst abwechslungsreich zusammengestellt. Dabei werden auch Wochen- und Tagesabläufe der Hörerinnen und Hörer sowie der Jahresablauf mit seinen saisonalen Besonderheiten berücksichtigt. Über folgende Kriterien lässt sich ein Musikprogramm abwechslungsreich gestalten:

- Wechsel der Musikgenres, soweit das Format dies zulässt (z. B. Wechsel zwischen Pop, Rock, Soul, R&B, Hip Hop etc.)
- Wechsel von männlichen und weiblichen Interpreten
- Wechsel von einfach strukturierten und komplexeren Titeln
- Wechsel zwischen schnellen, aktivierenden und langsamen, beruhigenden Titeln
- Wechsel mit anderssprachigen Titeln (wenn Hauptsprache Englisch)
- Wechsel zwischen älteren und jüngeren Titeln
- Wechsel zwischen kommerziell erfolgreichen und erfolglosen bzw. bekannten und unbekannten Titeln
- Wechsel in der Ausdrucksstimmung der Titel, z. B. Wechsel zwischen eher fröhlichen und eher traurigen Titeln

Musiktitel mit ganz unterschiedlicher Anmutung wechseln sich nicht nur ab, um das Musikprogramm für die Hörerinnen und Hörer ganzer Sendestunden kurzweiliger zu gestalten. Ziel ist es außerdem, in möglichst kurzer Sendezeit einen möglichst facettenreichen Eindruck vom Gesamtkonzept des Programms zu vermitteln. So können Hörer der anvisierten Zielgruppe zu jedem Zeitpunkt einer Sendestunde einschalten und stoßen dann in relativ kurzer Zeit auf Musik, die ihnen gefällt. Die Idee hierbei ist also, dass Hörer, die beim Einschalten des Senders auf einen Musiktitel stoßen, der zwar nicht zu ihrer Lieblingsmusik zählt, der sie aber auch nicht komplett abstößt, erst einmal nicht umschalten und den nächsten und übernächsten Musiktitel abwarten. Gefällt ihnen wenigstens einer dieser nachfolgenden Titel, bleiben die Hörer dran und schalten nicht um, weil sie sich zumindest darauf verlassen können, dass alle zehn bis fünfzehn Minuten Musik gespielt wird, die ihnen richtig gut gefällt – und die restliche Musik nehmen sie billigend in Kauf.

Radiomusik für Individualisten. Oder: Jedem sein eigenes Webradio!

Seit Mitte der 90er sind zahllose Musikradiosender und -formate im Internet entstanden. Die Vorteile des Internets als Radiomedium liegen auf der Hand: Es hat zunächst nicht mit Frequenzknappheit zu kämpfen. Außerdem benötigt ein Radiosender im Internet keine großen Investitionen und keine Lizensierung, das heißt, dass die Markteintrittsbarrieren für Programmmacher sehr gering sind. Geringe Kosten erfordern außerdem nur geringe Erlöse, damit man rentabel bleibt. Insofern benötigt man keine großen Reichweiten und kann mit Sparten- und Special-Interest-Angeboten auch sehr kleine Zielgruppen anvisieren.

Im Jahr 1994 sendete das Collegeradio WXYC in Chapel Hill (USA) als erstes Radio weltweit sein terrestrisch (d. h. über Antenne) verbreitetes Radioprogramm live im Internet. In Deutschland waren es B5 aktuell, der Informationssender des Bayerischen Rundfunks, und die Deutsche Welle, die mit ihrem terrestrischen Radioprogramm als Erste online gingen. DSL und Flatrate haben die Entwicklung von Internetradios in Deutschland begünstigt, deren Klangqualität aufgrund der hohen Übertragungsleistung mittlerweile annähernd CD-Standard erreicht und damit die Klangqualität der terrestrischen Sender sogar übertrifft. Smartphone, Laptop oder WLAN-fähige Radiogeräte ermöglichen den mobilen Empfang jederzeit und an jedem Ort.

Folgende Angebotsformen haben sich etabliert:

1. Livestream (das Programm wird zu einem bestimmten Zeitpunkt im Stream gesendet; alle Hörer hören zu einer bestimmten Zeit dasselbe)

2. On-Demand-Streaming (Programme können individuell von den Hörern zu jedem Zeitpunkt über Streaming abgerufen werden; alle Hörer hören zu einer bestimmten Zeit nicht dasselbe)
3. Podcasting (Programme in Form von Audiodateien werden über einen Web-Feed bezogen und auf dem Endgerät, z. B. Smartphone, iPod oder Laptop, gespeichert)

Von Internetradios, deren Programm eins zu eins auch terrestrisch über UKW oder DAB+ zu hören ist (Simulcast-Webradios), lassen sich die »reinen« Internetradios (Online-Only-Webradios) unterscheiden. Aggregatoren (z. B. liveradio. de) bündeln und strukturieren wiederum dieses große Angebot an Internetradios, stellen aber keine eigenen Radioprogramme zur Verfügung. Musikportale arbeiten ähnlich wie die Aggregatoren, sind meist heterogener und bündeln nicht nur Internetradios, sondern alle möglichen Musikangebote. Unter den Musikportalen sind die Musikstreaming-Dienste wie Apple Music oder Spotify hervorzuheben, die darüber hinaus eigene Musikprogramme anbieten, die von Musikredakteuren betreut und zusammengestellt werden. Die Online-Only-Webradios werden zunehmend auch in Form von User-Generated-Radio-Streams bestückt, das heißt, dass einzelne User ihr individuell zusammengestelltes Musikprogramm anderen Usern wiederum zum Abruf anbieten und sich so eine regelrechte Fan-Base aufbauen können.

Der Webradiomonitor, eine Studie, die seit 2009 im Auftrag der Bayerischen Landeszentrale für neue Medien (BLM) jährlich den Bestand der Internetradios auf dem deutschen Online-Audio-Markt ermittelt, nennt für das Jahr 2015 eine Gesamtzahl von 1 945 Online-Audio-Anbietern, davon 247 Anbieter von UKW-/DAB+-Simulcast-Webradios und 1 698 Online-Only-Anbieter (Online-Only-Webradios, Aggregatoren, Musikstreaming-Dienste, User-Generated-Radios). Diese fast 2 000 Webradios stellen insgesamt rund 10 000 Musikprogramme als Streams zur Verfügung, davon etwa 75 Prozent in Form von User-Generated-Radio-Streams und redaktionell kuratierten Programmen der großen Musikstreaming-Dienste. Der Trend ist dabei unverkennbar: Die Gesamtanzahl von Anbietern bzw. Plattformen stagniert, geht im Bereich der klassischen Webradios sogar leicht zurück, aber die Anzahl der Angebote und Streams, die über diese Plattformen laufen, steigt nach wie vor an – und zwar vor allem im Bereich der User-Generated- und kuratierten Streams. Das heißt, die Angebote werden immer spezieller, Musiknischen und kleinste Zielgruppen können angesprochen werden. Mit anderen Worten: Radiohörer können nun jederzeit und überall gezielt das Musikprogramm hören, das ihrem aktuellen individuellen Bedürfnis am besten entspricht.

Die Musikvielfalt wird auch anhand folgender Zahlen sehr deutlich: Während im Bereich der Simulcast-Webradios die AC- und CHR-Formate dominieren, gehen die Online-Only-Webradios mit ihren Formaten auch in solche Bereiche, die sich für klassische UKW-Sender finanziell nicht tragen würden, und spielen Musikgenres wie Dance (352 Kanäle), Oldies/Schlager (310 Kanäle), Rock (209 Kanäle) oder Black Music (35 Kanäle). Mit anderen Worten: Allein im Dance-Genre haben wir online eine Kanalvielfalt wie im gesamten terrestrischen deutschen UKW-Radiomarkt! Mit Blick auf das weltweite Webradio-Angebot potenziert sich diese Vielfalt nochmals: Bereits vor zehn Jahren wurde die Anzahl der Online-Only-Webradios auf 40 000 bis 100 000 geschätzt. Hier ist das Ende der Fahnenstange bei Weitem nicht erreicht, da manche Regionen der Welt, vor allem große Teile Afrikas, noch gar nicht online sind. Wenn diese Hörermärkte in den nächsten Jahren und Jahrzehnten nach und nach erschlossen werden, dürften Tausende neuer Webradioangebote entstehen, die speziell den jeweiligen Musikgeschmack und die Bedürfnisse dieser Kulturkreise bedienen und die folglich die musikalische Vielfalt des weltweiten Webradioangebots nochmal merklich steigern werden.

Ein großes und vielfältiges Angebot muss aber nicht zwangsläufig mit einer entsprechenden Nachfrage einhergehen. Obwohl wir in Deutschland ein Webradio-Angebot haben, das das terrestrische Hörfunkangebot weit übertrifft, sind die Nutzungszahlen vergleichsweise klein. Während 74 Prozent aller Personen über 14 Jahren jeden Tag vom terrestrischen Radio erreicht werden, hören laut der ARD/ZDF-Onlinestudie 2015 nur 13 Prozent täglich in irgendeiner Form online Musik und/oder Radioprogramme. 4 Prozent nutzen dabei täglich Radioprogramme live im Internet, 4 Prozent nutzen die Musikstreaming-Dienste und 2 Prozent hören Audio-Podcasts aus dem Internet. Bei den Jugendlichen und jungen Erwachsenen (14–29 Jahre) ist die Onlinenutzung schon ausgeprägter: Hier hören täglich 35 Prozent Musik und/oder Radioprogramme online. Allein 13 Prozent entfallen jedoch auf die Nutzung von Musikdateien aus dem Netz und 15 Prozent auf die Musikstreaming-Dienste – und dort hören die Jugendlichen nicht primär kuratierte Musikprogramme oder Webradios, sondern Songs ihrer Lieblingsbands, die sie sich vor wenigen Jahren noch bei iTunes heruntergeladen und die sie sich vor 20 Jahren auf CD gekauft hätten. Klassische Webradioangebote werden also auch von Jugendlichen und jungen Erwachsenen kaum nachgefragt. Es bleibt abzuwarten, ob sich das in den nächsten Jahren noch ändern wird. Die Online-Nutzung von Radiomusik steigt, aber sie steigt auf sehr niedrigem Niveau. Ob Radiomusikprogramme in der Onlinewelt tatsächlich eine bedeutende Zukunft haben, muss sich erst noch erweisen.

4. »Hidden Persuasion« – Von der Filmmusik zur Werbemusik

Warum Filmmusik und Werbemusik in einem Kapitel zusammengefasst werden, erschließt sich erst auf den zweiten Blick. Auf den ersten Blick haben zum Beispiel John Williams' berühmter Soundtrack zu *Der weiße Hai* und die gesungene Zeile »Haribo macht Kinder froh ...« nichts miteinander zu tun. Aber bei näherem Hinsehen gehören sowohl Filmmusik als auch Werbemusik zur *funktionalen Musik*. Funktionale Musik kann zum Beispiel Arbeits-, Tanz- oder Marschmusik sein; auch Musik im Hintergrund, in Warenhäusern und Fahrstühlen, gehört dazu. Film- und Werbemusik werden ebenfalls zur funktionalen Musik gerechnet, und das folgende Kapitel handelt davon, welche Funktionen sie haben und wie die Funktionen technisch erreicht werden.

Vom Stummfilm zum Tonfilm

Das Massenmedium Film ist schon mehr als 120 Jahre alt. Man könnte sich fragen, warum überhaupt schon gleich am Anfang zu den bewegten Bildern Musik gespielt wurde. Aber die Verbindung von Bild und Musik ist keine Erfindung der Lichtspielhäuser und Kinos, sondern war schon lange vorher in Oper, Revue und Varieté ganz selbstverständlich. Wie wichtig und mächtig die Musik im Film ist, zeigt sich, wenn man den Übergang von der Stummfilmzeit zur Tonfilmzeit betrachtet: Im Stummfilm gab es Begleitmusik zum Film. Als die Tonspur aufkam und der Tonfilm technisch möglich war, konzentrierte man sich zunächst auf die Sprache, Musik gab es nicht mehr zu hören. Diese Periode war allerdings sehr kurz. Schnell hielt auch Musik wieder Einzug in die Kinos und ist bis heute unverzichtbarer Bestandteile fast aller Filme. Aber von Anfang an.

Am Anfang war der Stummfilm. Der Stummfilm war nicht so stumm, wie sein Name vermuten lässt: Die Darsteller mussten zwar bis zur Einführung der Tonspur stumm bleiben, aber Musik bekamen die Zuschauer damals schon zu hören. Dabei war sie aber selten frei »erfunden« oder eigens für den Film komponiert. Im Gegenteil: Man griff auf populäre Stücke aus allen möglichen Genres und Epochen zurück. Beliebt waren beispielsweise Stücke aus Opern und Operetten. Die Musik zum Film war zunächst reine Begleitmusik. Warum man diese Begleitmusik einführte, ist nicht abschließend geklärt. Plausible Erklärungen reichen von den lauten Filmprojektoren, die damals übertönt werden sollten, bis hin zur ungewohnt gruseligen Stimmung in den abgedunkelten Vorführsälen, die durch Musik aufgelockert werden sollte. Außerdem war das Publikum – wie eingangs erwähnt – aus der Oper, der Operette und dem Varieté durchaus daran gewöhnt, dass Schauspiel mit Musik verbunden wurde. Schnell kam auch die Idee zum Tragen, dass die Musik eine erzählerische Funktion haben kann und die Stimmung unterstützt.

Als Hilfestellung für die Musiker erschienen Handbücher und Notensammlungen mit Anweisungen, detaillierten Angaben zu Musikstücken und musikalischen Ausschnitten, die nach Stimmungen und dramaturgischer Funktion geordnet waren. Diese sogenannten Kinotheken bestanden häufig aus einer Menge von vereinfachenden Bearbeitungen populärer Werke des 19. Jahrhunderts, Märschen, Volks- und Unterhaltungsmusik, aber auch Salon- und Schlagermusik. Dazu kamen Originalkompositionen, die stark an bekannte Werke angelehnt waren. Für jede Szene, Stimmung, Emotion und Handlung, für jeden Ort und jede Zeit konnten sich die Musiker ein geeignetes Stück herausgreifen und in die Begleitmusik einbauen. Die Filmmusik war in der Stummfilmzeit also kein durchkomponiertes eigenes Werk, sondern eine Abfolge und Collage von Versatzstücken. Diese Versatzstücke verbanden die Musiker durch Modulation und Improvisation.

Auf diese Weise eingesetzt, untermalte und begleitete die Musik den Film nicht nur, sie verlieh auch den Szenen eine gewisse Kontinuität. So sollte sie es den Zuschauern unter anderem erleichtern, sich in die Handlung einzufühlen. Außerdem sollte sie die Gesamtstimmung des Films unterstreichen und transportieren. Schon in den Anfängen wurde der Filmmusik also die Funktion einer emotionalen Wirkung auf die Zuschauer zugeschrieben.

Die Filmmusik entwickelte sich so, dass sie zunehmend nicht mehr nur neben den Bildern herlief, sondern in den Dienst der Bilder gestellt wurde. Das heißt, am Anfang war sie noch eher eine Geräuschkulisse, sie ergänzte den Film um Klänge und Musik, die in der (stummen) Szene vermutet werden konnten. Später wurde die Musik immer eigenständiger und konnte auch erklingen, wenn sie nicht direkt vom Bild motiviert war. Auch so war es möglich, eine Gesamtstimmung über die reine Wirkung der Bilder hinaus zu transportieren.

Anfangs war es gängig, dass ein einzelner Musiker, meist ein Pianist, die Aufführung eines Films begleitete. Mit der wachsenden Bedeutung des Mediums Film und den immer größer werdenden Lichtspielhäusern wuchsen auch die begleitenden Ensembles. In den Jahren vor dem Ersten Weltkrieg waren Filmmusikorchester mit bis zu 80 Musikern keine Seltenheit. Das Prestige eines Lichtspielhauses wurde durchaus auch an der Größe und Qualität seines Orchesters bemessen. Zum Anfang des 20. Jahrhunderts kamen auch Kinoorgeln zum Einsatz, die den Klang eines Orchesters imitieren sollten, aber von einem einzigen Musiker gespielt werden konnten. Sie waren auch mit Effektregistern zum Erzeugen passender Geräusche (wie Vogelzwitschern oder Donnergrollen) ausgestattet.

Eine Revolution in den Kinos ereignete sich in Deutschland ab 1929. Zum ersten Mal wurden Lautsprecher hinter der Leinwand aufgestellt. Von da an konnten die Zuschauer nun auch Geräusche und die Stimmen der Schauspieler hören. Das veränderte auch die Situation der Filmmusik fundamental. Nicht nur, weil die Schauspieler jetzt auch im Film musizieren oder sogar singen konnten, sondern weil sich der Produktionsprozess veränderte. Bild und Ton konnten jetzt ganz genau aufeinander abgestimmt werden, und die Entscheidung, welcher Ton oder welches Geräusch wann erklingen sollte, konnte von Anfang an geplant, durchdacht und umgesetzt werden. Das hatte zum einen zur Folge, dass die Zuschauer die Kombination von Bild und Ton eher als eine Einheit wahrnahmen. Zum anderen eröffnete die technische Entwicklung ganz neue Möglichkeiten. Es entstanden neue Genres: Tanzfilme wären beispielsweise ohne die Möglichkeit der sekundengenauen Abstimmung der Ton- auf die Bildspur kaum möglich gewesen. Auch Cartoons wie *Micky Maus* (erstmals 1928 mit Ton zu erleben im Trickfilm *Steamboat Willie*) wurden populär, weil der neu entstandene Tonfilm es ermöglichte, Bewegungen und Ausdrücke im Bild sehr genau mit Bewegungen und Ausdrücken der Musik abzustimmen. Aus dem Erkennen und Ausnutzen solcher Möglichkeiten entwickelten sich bestimmte Filmmusiktechniken.

Filmmusiktechniken

Es gibt verschiedene Herangehensweisen, um Musik und Film zu verbinden. Drei häufige Techniken stellen wir hier vor: Die *deskriptive Technik,* die *Mood-Technik* und die *Leit-*

motiv-Technik. Diese Techniken kann man zwar voneinander abgrenzen, aber sie treten auch oft zusammen auf. Außerdem verwischen sich manchmal die Grenzen zwischen den einzelnen Techniken.

Deskriptive Technik

Die musikalische *Deskription* wird auch musikalische Illustration oder Underscoring genannt. Wenn der Komponist die deskriptive Technik anwendet, haben die Bewegungen im Film Entsprechungen in der Musik. Schüsse, Schritte, das Rattern einer Eisenbahn, Bewegungen nach unten oder oben oder das Stampfen von Maschinen sind typische Beispiele für Bewegungen, die mit Musik illustriert werden können. Für diese Illustration werden rhythmische Geräusche, wie die Eisenbahn, galoppierende Pferde oder marschierende Soldaten, durch tonmalerische rhythmische Muster nachgeahmt. Fällt ein Schuss oder erhält ein Charakter eine Ohrfeige, verwendet der Komponist beispielsweise kurze, laute Akzente.

Das Unterstreichen bestimmter Szenen mit Musik, die Aktionen oder Bewegungen nachbildet, war schon in der Stummfilmzeit eine Aufgabe der Musiker. Wie oben erwähnt machte es aber erst der Tonfilm möglich, diese Geräusche genau auf die Bilder abzustimmen. Das Ziel dieser Technik ist es, den Sinngehalt der Bilder zu verdeutlichen und einzelne Bilder hervorzuheben.

Wenn die Musik die Bilder exakt nachzeichnet, Geräusche imitiert und den Film sekundengenau synchronisiert, quasi lautmalerisch begleitet, spricht man auch vom *Mickeymousing*. Der Name kommt von der intensiven Verwendung in Cartoons. Das Mickeymousing ist die extremste Form des Underscorings. Hier wird jede Geste, jede Bewegung der Figur durch ein entsprechendes akustisches Signal begleitet: Rennt ein Charakter eine Treppe hinauf, ertönt beispielsweise ein Glissando nach oben; fällt ein Charakter herunter, ertönt ein dumpfer Paukenschlag.

Die Verdeutlichung von im Bild gezeigten Inhalten kann noch auf andere Weisen geschehen. Dafür macht die deskriptive Technik der Filmmusikkomposition Anleihen bei der Programmmusik. Bestimmte Instrumente und ihre speziellen Klangfarben können eingesetzt werden, um die Musik einen konkreten Inhalt verdeutlichen zu lassen. So werden Orte, Zeitalter oder Milieus illustriert. Solche Klangfarben sind mittlerweile häufig zu Klischees geworden. Ein Dudelsack steht für Schottland, ein Cembalo für die Zeit des Barock und ein Waldhorn oder Jagdhorn für Natur, Wald und Jäger. An diese Klischees haben wir uns derart gewöhnt, dass auch die Werbung sie erfolgreich einsetzt. Weil Werbemusik kurz und prägnant einen bestimmten Inhalt umreißen soll, benutzt sie besonders oft (Instrumenten-)Klischees. So benutzt zum Beispiel der Likörhersteller Jägermeister in seinen TV-Spots nicht nur bildlich Hirsche und Hirschgeweihe, sondern auch akustisch Hornsignale, die eben den »Jäger« verdeutlichen sollen.

Auch das musikalische Zitieren gehört zur deskriptiven Technik. Hier werden nicht Instrumentenklischees, sondern Stil- oder Genreklischees zitiert. Claudia Bullerjahn nennt in ihrem Standardwerk zu Wirkungen von Filmmusik beispielsweise einen Musette-Walzer, der stets für Paris steht, Barockklänge, die höfische Ereignisse untermalen, oder Chopins »Marche Funèbre«, der eine Beerdigung ankündigt. In diese Reihe gehören auch der Brautchor aus Wagners *Lohengrin* und Mendelssohns »Hochzeitsmarsch«, die heute auch abseits des Films klischeehaft mit Hochzeiten verbunden werden.

Die deskriptive Technik muss und musste häufig Kritik einstecken. Heute wird sie im Film ohnehin kaum noch eingesetzt und wenn, dann in Zeichentrickfilmen oder punktuell, wenn ein absichtlicher Slapstick-Effekt erzielt werden soll.

Die Kritik richtete sich meist gegen das als »unkünstlerisch« angesehene schlichte »Verdoppeln« von auditivem und visuellem Inhalt.

Mood-Technik

Bei der *Mood-Technik* ist die Musik relativ unabhängig von den Bildern. Der Komponist will hier einer Filmszene eine spezifische Stimmung oder Atmosphäre zuordnen. Wenn die Szene eine Grundstimmung hat, kann sie durch Musik unterstrichen werden. Es kann aber auch sein, dass die Musik eine bestimmte Stimmung erst hervorruft. Während die deskriptive Technik sichtbare Vorgänge tonmalerisch nachzeichnet und dadurch verdoppelt, vermittelt die Mood-Technik einen Gefühlsausdruck, eine nicht sichtbare Befindlichkeit, einen Affekt. Der Zuschauer soll dadurch emotional in das Filmgeschehen hineingezogen werden. Verglichen mit der deskriptiven Technik und der Leitmotiv-Technik ist die Mood-Technik heute die am meisten verwendete Technik bei der Filmmusikkomposition.

Musikhistorisch gesehen hat die Mood-Technik ihren Ursprung in der Affektenlehre der Barockzeit. Dort wurden starke Gemütsbewegungen (Affekte, Emotionen) in der Musik dargestellt. Dies geschah über die Art des Vortrags, Instrumentierung, Tonlagen, Tonarten, Tempi und Dynamik. Ähnlich wie bei der deskriptiven Technik gibt es auch bei der Mood-Technik gewisse Konventionen im Hinblick auf die vermutete Wirkung einzelner Instrumente und Tonlagen. So werden beispielsweise Violinen im mittleren Register als romantisch und leidenschaftlich empfunden, ein Fagott wirkt im mittleren Register kraftvoll, geheimnisvoll oder dramatisch. Ein Horn im hohen Register klingt kraftvoll und zuversichtlich, im mittleren Register warm und drängend und im tiefen Register warm-intensiv. Auch durch bewusstes Weglassen von Musik und den Kontrast Musik – keine Musik kann Stimmung vermittelt werden. Die erzeugte Stimmung kann sich durchaus über mehrere Bilder und Szenen erstrecken. Die Mood-Technik kann auch Szenen vorbereiten: Durch den vorgezogenen Einsatz bestimmter Musik können die Zuschauer die Handlungsinhalte nachfolgender Szenen vorausahnen.

Man kann die mit Mood-Technik komponierte Filmmusik noch weiter differenzieren, zum Beispiel ist die Unterscheidung in expressive und sensorische Filmmusik möglich. Bei der expressiven Filmmusik wird die Stimmung der Filmprotagonisten über die Musik zum Ausdruck gebracht. Viele Passagen aus *Die fabelhafte Welt der Amelie* (2001) liefern hier gute Beispiele. Die sensorische Filmmusik will den Zuschauer direkt ansprechen und eine körperliche Erfahrung anregen. Das erhöht das Gefühl des »Miterlebens« beim Publikum. Der Filmmusikkomponist Bernard Herrmann, der oft mit Alfred Hitchcock zusammenarbeitete, hat diese Methode sehr häufig benutzt. Das wohl bekannteste Beispiel findet sich im Film *Psycho* (1960): Die Mordszene unter der Dusche wird durch messerscharfe, nervenzerreißende, kreischende Streicherakkorde untermalt.

Das »Gegenteil« der Arbeitsweise der Mood-Technik verfolgt die Kontrapunkttechnik. Der Komponist untermalt dabei eine Szene nicht mit der »passenden« Stimmung, sondern mit einer Stimmung, die der Szene nicht entspricht. Dieser Einsatz von Musik kann eine Distanz zwischen Filmszene und Zuschauer schaffen. Er kann die Handlung kontrastieren oder auch ironisch kommentieren. Dann kann aus der Auseinanderentwicklung von Bild und Musik eine ganz neue Aussage entstehen. Die Kontrapunkttechnik ist so gesehen auch eine Mood-Technik, weil sie auch eine Stimmung erschafft – nur eben nicht die, die der Zuschauer eventuell als »passend« empfinden würde.

Leitmotiv-Technik

Die *Leitmotiv-Technik* kommt ursprünglich aus der Oper und dem Musikdrama. Besonders in den Musikdramen Richard Wagners werden durch Leitmotive Zusammenhänge geschaffen. Die Leitmotiv-Technik funktioniert so, dass für jede wichtige Rolle, jeden wichtigen Erzählstrang und wichtigen Ort oder Gegenstand eigene musikalische Motive, sogenannte Leitmotive, komponiert werden. Die Leitmotive werden je nach dem, wie es die Erzählung erfordert, in die Gesamtkomposition eingebaut. Sie werden im Handlungsverlauf wiederholt und können auch variiert werden (beispielsweise parallel zur Figurenentwicklung).

Ein Leitmotiv für eine Rolle kann erklingen, wenn der Protagonist auf der Leinwand zu sehen ist, und unterstreicht damit die Anwesenheit. Aber auch wenn der Protagonist nicht körperlich anwesend ist, sondern nur ein Zusammenhang zu ihm hergestellt werden soll, kann sein Leitmotiv erklingen: Beispielsweise, wenn der Zuschauer sein Auftreten vorausahnen soll oder wenn ein anderer Charakter sich innerhalb der Handlung an den Protagonisten erinnert. Auch auf nicht sichtbare oder fassbare »Gegenstände« oder Ideen kann der Komponist so gut Bezug nehmen, ein Beispiel dafür ist das Leitmotiv für die »Macht« in John Williams' Filmmusik zur *Star Wars*-Reihe. Das Leitmotiv ist meist eine musikalische Idee, kann aber im minimalen Fall auch nur der charakteristische Klang eines bestimmten Instruments sein, der einer Rolle zugeordnet wird. Ein Beispiel dafür ist der Klang der Mundharmonika, der den »Fremden« in *Spiel mir das Lied vom Tod* (Musik: Ennio Morricone) durch den Film begleitet.

Die Besonderheit der Leitmotiv-Technik, vor allem im Vergleich zur deskriptiven Technik und zur Mood-Technik, ist, dass sie nicht nur einen momentanen oder »vertikalen« Bezug zwischen Bild und Ton herstellen kann: Sie kann auch Zusammenhänge auf der Zeitachse verdeutlichen, also horizontale Beziehungen schaffen, in dem sie wiederkehrende Personen, Objekte oder Ideen kenntlich macht und es ermöglicht, Gedankengänge wie Erinnerungen oder Vorausahnung hörbar zu machen. Leitmotive können auch zusammengeführt oder gegeneinandergestellt werden, um beispielsweise Konflikte aufzuzeigen.

Für das Publikum kann es schwierig sein, Leitmotive über den Film zu verfolgen. Deshalb muss die Handlung in ihrer Anlage schon die Verbindungen und Zusammenhänge enthalten, die die Leitmotive dann verdeutlichen und unterstreichen können. Außerdem dürfen nicht zu viele verschiedene oder zu ähnliche Leitmotive eingeführt werden, weil irgendwann die Verarbeitungskapazität des Zuschauers ausgereizt ist. Deswegen arbeiten Komponisten heute – anders als frühere Vertreter der Leitmotiv-Technik im Film oder Richard Wagner in seinen Musikdramen – eher mit wenigen und sehr charakteristischen Motiven.

Neben den bereits erwähnten Soundtracks zu *Spiel mir das Lied vom Tod* (Morricone) und *Star Wars* (Williams) ist aus jüngerer Zeit auch die Filmmusik zur Trilogie *Der Herr der Ringe* (Howard Shore) ein Beispiel für ausgiebige und konsequente Verwendung der Leitmotiv-Technik, sogar über einzelne Teile einer Filmserie hinweg.

Funktionen von Filmmusik

Dieses Kapitel hat damit begonnen, dass wir Filmmusik »funktionale Musik« nannten. Was bedeutet es, dass Filmmusik eine Funktion hat? Der Regisseur und der Filmmusikkomponist nehmen an, dass der Einsatz von Musik an bestimmten Stellen in einer bestimmten Form eine bestimmte Wirkung auf das Publikum hat. Sie setzen die Musik ein, weil sie eine Wirkung bei den Zuschauern beabsichtigen. Das ist ihre Funktion. Funktionen von Filmmusik sind also gleichbedeutend mit beabsichtigten Wirkungen von Filmmusik. Aber welche Wirkungen sind das genau? Darum geht es in diesem Abschnitt. Prinzipiell kann man Funktionen im engeren Sinnen und im weiteren Sinne unterscheiden.

Funktionen im engeren Sinne sind die Funktionen, die sich auf einen konkreten Film beziehen. Es gibt zuerst die *dramaturgische Funktion* der Musik. Die Musik hat dramaturgische Funktion, wenn sie die Dramaturgie unterstützt, zum Beispiel durch die Begleitung des Spannungsbogens, der sich durch einen Film zieht. Dramaturgische Funktionen sind die Abbildung von Stimmungen in Szenen, die Verstärkung der Atmosphäre oder des Ausdrucks. Filmmusik hat zweitens auch *epische Funktionen*. Das heißt, dass sie die Erzählung des Films unterstützt. Sie kann beispielsweise die Erzählung räumlich oder zeitlich einordnen. Das erleichtert es dem Zuschauer unter anderem, Wechsel in der Erzählzeit zu interpretieren: Wenn sich die Erzählzeit beispielsweise von der Gegenwart in die Barockzeit ändert, kann die Musik diesen Wechsel durch bestimmte Musikstile oder Genres unterstützen, die beim Zuschauer »barocke« Assoziationen wecken. Drittens hat die Filmmusik auch *strukturelle Funktion*. Musik kann einen Film strukturieren, indem sie beispielsweise Schnitte akzentuiert oder auch über Schnitte hinwegspielt und so hilft, sie zu verdecken. Auch wenn Bewegungen mit der deskriptiven Technik durch Musik hervorgehoben werden, kann das eine strukturierende Funktion der Musik sein. Die vierte Funktion im engeren Sinne deutet die Kapitelüberschrift »Hidden Persuasion« an. Es ist die *persuasive Funktion*. Persuasiv kommt vom lateinischen »persuadere«, das heißt »überzeugen« oder »überreden«. Häufig ist auch von *manipulativer Funktion* die Rede. Von manipulativen Funktionen der Musik zu sprechen unterstellt allerdings, was der Titel dieses Kapitels andeutet: Eine »versteckte« Absicht oder sogar eine negative oder bösartige Absicht. Weil der Begriff derart negativ belegt ist, ist *persuasive Funktion* die bessere Wahl. Damit ist gemeint, dass die Musik beim Filmzuschauer etwas auslösen soll. Musik kann beispielsweise Emotionen nicht nur abbilden, sondern auch erwecken. Werden beim Zuschauer Emotionen ausgelöst (zum Beispiel gegenüber einer Figur), wird die Distanz des Zuschauers zum filmischen Geschehen kleiner. Der Zuschauer wird in den Film »hineingezogen«. Schon die Titelmusik eines Films hat eine persuasive Funktion: Sie stimmt den Zuschauer auf das ein, was kommen wird, und setzt einen programmatischen Ausgangspunkt. Speziell bei Filmreihen (oder auch bei Fernsehserien) fördert die Titelmelodie auch das Wiedererkennen und kann damit Vorfreude und Spannung auslösen. Auch wenn die Aufmerksamkeit des Zuschauers über Musik auf bestimmte Handlungen oder Personen gelenkt wird, erfüllt die Musik eine persuasive Funktion.

Die Filmmusik kann die beabsichtigte Wirkung natürlich verfehlen. Sie erfüllt dann ihre Funktion nicht oder nicht richtig. Ein einfacher Grund dafür kann zum Beispiel eine schlechte Bild-Ton-Montage sein. Auch wenn der Komponist die Zuschauer überschätzt, gibt es Probleme: Können die Zuschauer beispielsweise den Leitmotiven oder musikalischen Zitaten nicht folgen oder ist die Musik zu komplex für das Publikum, bleibt die beabsichtigte Wirkung aus. Die beabsichtigte Wirkung wird unter anderem auch dann verfehlt, wenn die Musik bei den Zuschauern falsche oder nicht die erwünschten Assoziationen weckt.

Filmmusik hat überdies Funktionen im weiteren Sinne. Das sind Funktionen, die sich nicht auf einen speziellen Film beziehen, sondern auf die Situation des Filmeschauens allgemein. Dazu gehören die *rezeptionspsychologischen Funktionen* und die *ökonomischen Funktionen* der Filmmusik. Das Schauen des Films ist die sogenannte Rezeption (von lat. »recipere« = aufnehmen, empfangen). Die *rezeptionspsychologischen Funktionen* der Filmmusik drehen sich also um die Situation des Filmschauens. Zu diesen Funktionen der Musik

gehört, dass sie Störfaktoren ausblenden kann: Projektorge-
räusche, Popcornrascheln, Husten, Füßescharren und Ähn-
liches kann die Musik übertönen. Zur Stummfilmzeit sollte
die Musik auch Pannen und Pausen überspielen und helfen,
die Brücke zu schlagen zwischen den wirklichkeitsnahen bewegten Bildern und der wirklichkeitsfernen gespenstischen
Stille, unter der diese Bilder abliefen. Die Musik mindert auch
die beklemmende Wirkung des dunklen Raums, in dem man
als Kinozuschauer mit lauter fremden Menschen sitzt. Zuletzt hat sie Ritualcharakter: Die Fanfaren und Titelmusiken
der Filmstudios, wie die 20th-Century-Fox-Fanfare oder das
Universal Theme, aber auch die musikalischen Themen bekannter Filmreihen *(Star Wars, Star Trek, James Bond)* kün-
digen den Beginn des Hauptfilms an und unterstreichen das
»Erlebnis Kinobesuch«. Sie helfen auch, unter den einzelnen Zuschauern ein Gemeinschaftsgefühl als Publikum herzustellen.

Die *ökonomischen Funktionen* oder kommerziellen Funktionen haben mit dem Film als wirtschaftlichem Gut zu tun.
So hat Musik unter anderem die Funktion, ein bestimmtes
Publikum anzulocken: In der Stummfilmzeit band man dazu
Ausschnitte aus Opern oder sinfonischen Dichtungen in die
Musikbegleitung ein. Dadurch wollte man die Kultiviertheit
des Mediums Film unterstreichen, damit sich auch gebilde-
te Schichten für das Kino interessierten. Den gleichen Weg
gingen die Filme der 60er Jahre, in die immer stärker aktuelle Pop- und Rockmusik eingebunden wurde. So sollten Jugendliche für den Kinobesuch begeistert werden. Dass ein
Titelsong bereits vor dem Film erscheint, um dann für den
Film zu werben, ist eine Facette der umfangreichen Vermark-
tungsfunktionen, die Musik heute rund um einen Film ein-
nimmt. Beispielhaft sei hier der Song »Skyfall« der britischen
Sängerin Adele genannt. Der Titelsong des gleichnamigen
23. James-Bond-Films erschien 2012 schon knapp drei Wochen vor der Filmpremiere als Single. Ausgekoppelte Songs

werden auch oft mit Videoclips vermarktet, in denen Filmausschnitte zu sehen sind (auch dafür ist »Skyfall« und der dazugehörige Videoclip ein Beispiel).

Berühmte Beispiele von Filmmusiken und Filmmusikkomponisten

Neben spezialisierten Filmmusikkomponisten, von denen im Folgenden eine Auswahl vorgestellt wird, haben auch Komponisten Filmmusik geschrieben, die heute eher durch andere Werkformen bekannt sind. Dazu gehören beispielsweise Camille Saint-Saëns (*L'Assassinat du duc de Guise,* 1907, eine der ersten Originalmusiken für einen Film überhaupt), Sergei Prokofjew (*Alexander Newski,* 1938) oder Dmitri Schostakowitsch (u. a. *Hamlet,* 1963, und viele weitere Filmmusiken).

In den 1930ern entwickelte sich der spezielle Hollywood-Sound. Er war orientiert am romantischen Orchesterklang und setzte vielfach die Leitmotiv-Technik ein. Bedeutende Komponisten dieser Zeit waren häufig europäische Emigranten, wie zum Beispiel Max Steiner, Erich Korngold und Miklós Rózsa. Max Steiner, gebürtiger Wiener, gelang der Durchbruch mit der Musik zu *King Kong und die weiße Frau,* die ein opulentes Werk für ein großes Filmorchester ist, und sowohl mit Leitmotiven als auch mit Mickeymousing arbeitet. Außerdem schuf er die Filmmusiken zu den Kassenschlagern *Vom Winde verweht* (1939) und *Casablanca* (1942), in denen er auch bereits bekannte Songs und Themen verarbeitete. Erich Korngold, 1897 in Brünn geboren, komponierte unter anderem den mitreißenden und dramatischen Soundtrack zu Michael Curtiz' *Die Abenteuer des Robin Hood* (1938). Auch hier lässt sich der typische Hollywood-Sound der Zeit erkennen, mit Leitmotiv-Technik und der wuchtigen Tonsprache der Spätromantik. Dieser Sprache bleibt auch der Ungar Milós Rózsa in seinem Soundtrack zur Realverfilmung von

Das Dschungelbuch (1942) treu. Rózsas Musik zu *Quo vadis* (1951) wurde zum Vorbild für viele Soundtracks zu den monumentalen Historienfilmen, die ihren Boom in den 50er und 60er Jahren erlebten. Rózsa selbst wirkte noch an mehreren solchen Produktionen mit: Unter anderem schuf er die Musik zu *Ben Hur* (1959) und *El Cid* (1961). Komponisten wie Hanns Eisler (*Kuhle Wampe,* 1932) brachen in Europa schon früh mit den Trends aus Hollywood und setzten beispielsweise nicht mehr auf die Leitmotiv-Technik oder das opulent besetzte Orchester.

Elmer Bernstein hatte in den 50ern schon etwas Erfahrung mit Musik zu Westernfilmen gesammelt, bevor er mit der Musik zu *Die glorreichen Sieben* (1960) einen Klassiker der Filmmusik schuf. Das Hauptthema gilt als die Western-Musik schlechthin und wurde häufiger in späteren Filmen oder auch der Werbung zitiert, wenn die Assoziation »Wilder Westen« hervorgerufen werden sollte. Bernstein war noch mit vielen weiteren Filmmusiken erfolgreich (er gewann einen Oscar und war 13 weitere Male nominiert), unter anderem mit der Musik zu *Gesprengte Ketten* (1963).

Die Arbeiten von Ennio Morricone unterschieden sich krass vom klassischen, sinfonisch orchestrierten Western-Soundtrack: Vor allem die ungewöhnlichen Klänge (u. a. Peitschenknallen, Pfiffe oder Tierlaute) waren innovativ und sollten stilbildend werden. Morricone ist extrem produktiv: Er hat bisher mehr als 500 Soundtracks komponiert. Besonders bekannt wurden seine Kompositionen zu Sergio Leones Italo-Western Trilogie *Für eine Handvoll Dollar* (1964), *Zwei glorreiche Halunken* (1965) und *Spiel mir das Lied vom Tod* (1968). 2007 bekam Morricone einen Oscar für sein Lebenswerk.

Mit *Der Weiße Hai* (1975) und *Krieg der Sterne* (1977) ging der Stern von John Williams auf. Er ist der vielleicht bekannteste Filmmusikkomponist Hollywoods. Besonders erfolgreich war – neben seiner ikonischen Musik zu den *Star Wars*-Filmen von George Lucas – seine regelmäßige Zusammenarbeit mit Steven Spielberg (neben *Der Weiße Hai* z. B. auch die *Indiana-Jones*-Reihe (1981–2008), *Schindlers Liste* (1993) und *Jurassic Park* (1993)). Obwohl Williams stilistisch variabel ist, hat er den romantisch-sinfonischen Stil wieder populär gemacht, der auch heute noch bei Hollywood-Produktionen populär ist. In dieser Tradition stehen zum Beispiel auch viele Arbeiten von James Horner, wie die Musiken zu *Braveheart* (1995) und *Titanic* (1997). Auch Howard Shore führt diese Tradition fort, beispielsweise mit dem Soundtrack zur Trilogie *Der Herr der Ringe* (2001–2003), der zudem ein Paradebeispiel für sehr intensiven und ausgefeilten Einsatz von Leitmotiven in der Filmmusik ist.

Groß orchestrierte Partituren und ein verspielter Stil sind ein Markenzeichen von Danny Elfman. Er vertonte fast alle Spielfilme des Regisseurs Tim Burton, darunter *Batman* (1989) und *The Nightmare Before Christmas* (1993). Elfman schuf auch die Titelmusiken der Fernsehserien *Die Simpsons* und *Desperate Housewives*.

Als einer der einflussreichsten Fimmusikkomponisten der Gegenwart gilt Hans Zimmer. Der gebürtige Deutsche ist vor allem für seinen Einsatz ethnischer Instrumente bekannt, zum Beispiel im Oscar-prämierten Soundtrack zu *Der König der Löwen* (1994) oder in *Gladiator* (2000) und *The Dark Knight Rises* (2012). Außerdem gilt Hans Zimmer seit der Vertonung von Ridley Scotts *Black Rain* (1989) und Ron Howards *Backdraft* (1991) als stilprägend wegen seines innovativen Einsatzes von Samplern und Synthesizern. Die synthetische Musik hatte bereits in den 80er Jahren Einzug in die Filmmusikkomposition gehalten: Evangelos Odysseas Papathanassiou, besser bekannt als »Vangelis«, erhielt für seinen Soundtrack zu *Die Stunde des Siegers* (1981) den ersten Oscar für eine am Synthesizer entstandene Filmmusik. Auch sein Soundtrack zu Ridley Scotts *Blade Runner* (1982) besteht größtenteils aus synthetischer Musik.

Neben Filmen mit eigens komponierter Filmmusik gibt es

auch heute noch – wie in den Anfängen des Films – Filme mit bereits existierender Musik. Diese wird dann so zusammengestellt, dass sie die Funktionen von Filmmusik erfüllen kann. Ein berühmtes Beispiel ist *2001: Odyssee im Weltraum* (1968) von Stanley Kubrick. Kubrick hatte seinerzeit den Komponisten Alex North beauftragt, eine Filmmusik zu schreiben. Um North in etwa zu zeigen, wie er sich die Klangwelt seines Films vorstellte, hatte Kubrick Stücke von György Ligeti, Richard Strauss, Johann Strauß und Aram Chatschaturjan zu einem *Temp track,* einem vorläufigen Soundtrack, zusammengestellt und unter einige Szenen gelegt. North begann zwar mit der Komposition des Soundtracks, aber Kubrick entschied sich dafür, den Temp track aus bereits vorhandener Musik beizubehalten. Auch beim Film *Easy Rider* (1969) war die Filmmusik der veröffentlichten Version (mit Songs von Steppenwolf, The Byrds und The Jimi Hendrix Experience) ursprünglich nur der Temp track. Die Filmmusik sollte von Crosby, Stills and Nash geschrieben werden, die aber nach der Vorführung des Rohmaterials ablehnten. Der Regisseur Quentin Tarantino hat es in seinen Regiearbeiten zum Prinzip erhoben, keine Filmmusikkomponisten zu beauftragen, sondern nur mit bereits vorhandener Musik (auch Filmmusik aus anderen Filmen) zu arbeiten, so beispielsweise in *Reservoir Dogs* (1992) oder *Pulp Fiction* (1994). Mit diesem Prinzip hat Tarantino beim Western *The Hateful Eight* gebrochen (2015), zu dem Ennio Morricone große Teile der Filmmusik geschrieben hat. Es war Morricones erste Arbeit für einen Western seit *Eine Faust geht nach Westen* (1981) und brachte ihm 2016 den Oscar für die beste Filmmusik ein.

Funktionen und Formen von Musik in der Werbung

Die Funktionen von Musik in der Fernsehwerbung sind denen von Musik im Film sehr ähnlich. Deswegen werden sie auch in diesem Kapitel beschrieben. Die vier Funktionen von Musik im Film im engeren Sinne können auch der Musik in der Werbung unterstellt werden: dramaturgische Funktionen, epische Funktionen, strukturelle Funktionen und persuasive Funktionen. Die *dramaturgische Funktion* findet sich in der Werbung beispielsweise, wenn eine bestimmte Stimmung, die den Werbespot kennzeichnet, von der Musik unterstrichen wird. Hier können, ähnlich wie im Film, häufig Instrumentenklischees zum Einsatz kommen, die für bestimmte Stimmungen stehen, die mit dem Produkt assoziiert werden sollen. Auch *epische Funktionen* kann Musik in Werbespots übernehmen. So kann die Musik – wie im Film – beispielsweise durch ihr Genre auf eine bestimmte Zeit hinweisen, in der die Handlung eines Spots spielt, oder sie kann Assoziationen zu einem Ort wecken. Werbemusik hat auch eine *strukturelle Funktion,* weil sie zum Beispiel die Aufgabe hat, Textaussagen zu gliedern. Das passiert unter anderem in Form von Jingles (s. u.), bei denen Slogans mit Musik unterlegt und gesungen werden, um die Markenbotschaft vom Rest des Spots abzuheben (Bsp.: »Haribo macht Kinder froh …«). Besonders wichtig beim Einsatz von Musik in Werbespots ist ihre *persuasive Funktion*. In dieser Funktion unterstützt die Musik den Werbespot dabei, sein Ziel zu erreichen: Er soll Zuschauer oder Zuhörer von einem Produkt oder einer Dienstleistung überzeugen. Ein Beispiel für die persuasive Funktion von Musik ist, dass sie das Auswendiglernen von Botschaften erleichtert: Das »Haribo«-Beispiel funktioniert so. Weil der Slogan vertont ist, ist er eingängig und leicht zu merken. Buchstäblich »jedes Kind« kennt ihn.

Eine Funktion ähnlich der ökonomischen Funktion der

Filmmusik hat Werbemusik, wenn es beispielsweise darum geht, den Werbespot einer bestimmten Zielgruppe anzupassen. Ein Werbespot wird dann mit Musik unterlegt, die geeignet scheint, die Zielgruppe anzusprechen.

Musik kommt in Werbespots in unterschiedlichen Formen vor. Früher wurde sie hauptsächlich als Erkennungszeichen für eine Firma oder eine Marke genutzt, ähnlich wie ein Logo. Heute dient die Musik zwar auch häufig als Erkennungszeichen, aber die Werber setzen eher auf das sogenannte Audio-Branding, das eine Klangkulisse rund um das Produkt, die Marke oder das Unternehmen darstellt. Dazu werden verschiedene Erscheinungsformen von Werbemusik kombiniert. Wenn man die verschiedenen Erscheinungsformen von Werbemusik auflisten will, kann man zunächst einmal unterscheiden, ob die Musik ein Erkennungssignal ist oder als Klangteppich bzw. Hintergrundmusik den Werbespot begleitet. Auch Kombinationen sind möglich. Wenn die Musik als Erkennungssignal eingesetzt ist, kommt sie häufig in einer von drei Formen vor: Als Audiologo, Jingle oder Werbelied. Diese Begriffe kann man nicht immer eindeutig voneinander abgrenzen.

- Das *Audiologo* ist dem grafischen Logo ähnlich. Es ist ein (im Optimalfall unverwechselbares) Erkennungszeichen einer Marke. Es soll den Wiedererkennungswert einer Marke steigern. Audiologos werden oft zusammen mit Klangteppichen eingesetzt. Ein Audiologo kann eine Tonfolge sein, aber auch ein Geräusch. Das bekannteste deutsche Audiologo hat die Telekom: fünf Töne nacheinander, aus einem Frequenzbereich, den das menschliche Ohr besonders gut erfassen kann. Audi beispielsweise hat ein Geräusch als Audiologo: Seit über 15 Jahren ist ein Herzschlag das akustische Erkennungszeichen für die Autofirma.
- Der *Jingle* ist auch ein akustisches Marken- oder Erkennungszeichen. Meist ist der Jingle der vertonte Slogan des Unternehmens (»Haribo macht Kinder froh ...«, »Auf

diese Steine können Sie bauen, Schwäbisch Hall«). Wenn das Publikum sich an den vertonten Slogan gewöhnt hat, kann der Gesang sogar weggelassen werden – der Jingle wird dann immer noch erkannt (z. B. bei »Wenn's um Geld geht – Sparkasse!«). Wenn ein kurzer Jingle so benutzt wird, verwischen die Grenzen zum Audiologo. Ähnlich wie beim Audiologo soll beim Jingle die einfache und einprägsame Melodie dafür sorgen, dass die Adressaten die zentralen Inhalte der Werbebotschaft leichter verarbeiten und besser behalten können.

- Das dritte Erkennungssignal ist das *Werbelied*. Das Werbelied ist ein komplettes Lied (oder zumindest eine ganze Strophe), das den ganzen Werbespot begleitet. Der Inhalt der Werbebotschaft wird darin komplett vertont. Damit wird zum einen die Werbebotschaft vermittelt, zum anderen aber auch Gefühle, Erlebnisse und Assoziationen. Ein Beispiel dafür ist das Werbelied »Merci, dass es dich gibt«. Werbelieder müssen aber nicht extra komponiert sein, sie können auch bereits vorhanden sein. Man kann sie dann unverändert benutzen (wie der Oasis-Song »Whatever« in der Coca-Cola-Werbung 2011 und 2012) oder mit einer neuen Textbotschaft unterlegen (wie in der Werbung der Baumarktkette Obi, die aus Queens »We will Rock You« das Werbelied »Wie, wo, was weiß Obi« gemacht hat).

Neben der Funktion als Erkennungssignal ist Musik in der Werbung oft im Hintergrund, als Klangteppich, eingesetzt. Das ist die häufigste Form der Werbemusik. Hintergrundmusik ist meistens rein instrumental. Oft ist die Hintergrundmusik eine Klangkulisse, die zum Produkt und zur Botschaft der Werbung passt. Sie illustriert dann die Botschaft und unterstützt die Imagebildung dadurch, dass sie bestimmte Assoziationen und Klischees hervorruft. Ein gutes Beispiel dafür ist die dezente, beruhigende und maritime Klangkulisse in der Werbung der Biermarke Jever.

Was wissen wir zur Wirkung von Musik in der Werbung?

Um die Frage in der Überschrift ganz direkt zu beantworten: Sehr wenig. Die Forschung zur Wirkung von Werbemusik steckt noch in den Kinderschuhen und produziert häufig uneindeutige oder widersprüchliche Erkenntnisse. Wir wissen allerdings recht genau, was Musik in der Werbung bewirken soll: Die Aufmerksamkeit soll erhöht, das beworbene Produkt besser bewertet werden, der Zuschauer oder Zuhörer soll sich besser an das Produkt erinnern können und am Ende soll der Einsatz von Musik auch dazu dienen, die Kaufabsicht der Zuschauer zu steigern. Mindestens eine dieser Wirkungen ist beabsichtigt, wenn Musik in Werbespots eingebunden wird. Ob sie dann auch wirklich auftreten, ist unsicher. Es gibt Studien, die diese Wirkungen gefunden haben, aber auch solche, die sie bestreiten. So ist es schwierig, ein einheitliches Fazit zu ziehen und zu sagen, wie Musik in der Werbung wirkt.

Die Wirkung von Musik in der Werbung hängt vermutlich stark von verschiedenen anderen Faktoren ab, zum Beispiel davon, wie motiviert oder fähig der Zuschauer ist, die Informationen aus der Werbung tief und bewusst zu verarbeiten. Einige Studien deuten nämlich darauf hin, dass Musik effektiver ist, wenn die Empfänger der Werbebotschaft die Botschaft nicht sehr tief oder bewusst verarbeiten (weil sie nicht können oder wollen). Manchmal werden auch nur einzelne der gewünschten Wirkungen erreicht: Es gibt Untersuchungen an Radiowerbespots, die zeigen, dass das Einbinden von Musik zwar die Aufmerksamkeit der Zuhörer erhöht, aber diese sich danach weniger gut an die Werbebotschaft erinnern können.

Auch die Musik selbst kann zur Wirkung beitragen: So gibt es zum Beispiel verschiedene Untersuchungen dazu, wie das Tongeschlecht oder das Tempo der Musik die oben genannten Wirkungen herbeiführen könnten. Eine der ersten Studien auf dem Gebiet überhaupt (von Gerald Gorn aus den 8oer Jahren) zeigt, dass Menschen sich eher für ein Produkt entscheiden, das ihnen mit Musik verbunden gezeigt wurde, die sie persönlich mögen. Diese einfach anmutende Erkenntnis wird allerdings heute auch in Frage gestellt. Recht gut belegt ist die Annahme, dass Musik in der Werbung umso positivere Wirkungen hat, je besser sie zum Werbespot und zum Produkt passt. Das wird im Allgemeinen als gute *musikalische Passung* oder *musikalischer Fit* bezeichnet. Die musikalische Passung kann auf unterschiedliche Weisen hergestellt werden:

- Das Genre der Musik kann mehr oder weniger gut zum Produkt oder zur Marke passen. Man kann zum Beispiel vermuten, dass Jeans und Rockmusik besser zusammen passen als Jeans und Jazz. Das Beispiel zeigt, dass in der Regel Klischees über Musikgenres und Produkte den Grund für diese Passung bilden: Sowohl Jeans als auch Rockmusik werden klischeehaft mit Selbstbewusstsein, Freiheit und ähnlichen Begriffen verbunden, Jazz dagegen eher mit Luxus, Status oder auch Andersartigkeit. Auch eigentlich als unterschiedlich empfundene Musikgenres können aber durchaus zu ein- und demselben Produkt passen. Sie heben dann unterschiedliche Aspekte des Produkts oder der Marke hervor. Eine Bank könnte beispielsweise in der Werbung für ihre Kreditkarten über die Verwendung eines Hardrock-Songs oder eines Jazz-Stückes nachdenken. Eine Passung wäre hier für beide Genres denkbar (natürlich nur, wenn auch der restliche Spot dies unterstreicht): Das Jazz-Stück kann klischeehaft Aspekte von Status und Luxus, aber auch Andersartigkeit vermitteln, die der (eventuell hochwertigen) Kreditkarte ebenfalls zugeordnet werden sollen. Der Hardrock-Song unterstreicht die Gefühle von Freiheit und Unabhängigkeit, die die Kreditkarte dem Kunden verschaffen sollen.
- Die Musik kann auch mehr oder weniger gut zu der Zielgruppe passen, die von dem Produkt oder der Marke

angesprochen wird. Wenn die Werbung zielstrebige junge Menschen ansprechen soll, wird die Verwendung von Schlagermusik keine gute Passung zur Zielgruppe erzeugen.

- Die Musik kann schließlich auch mit ihrer Ausdrucksstimmung und ihrem Charakter zu den Elementen des Werbespots passen, beispielsweise zu dessen bildlicher Ebene. Wenn Sprechertext vorgesehen ist, kann die Musik auch zur Ebene des gesprochenen Wortes mehr oder weniger stimmig und passend sein.

Berühmte Beispiele von Werbemusik und ihr Wirkmechanismus

Ein berühmtes Beispiel für ein Werbelied, das besonders über seine Passung zum Produkt und zur Marke funktioniert, ist der Rocksong »Sail Away«. Er wurde lange Zeit in den Spots der Biermarke Beck's in verschieden Versionen eingesetzt. Bier ist ohnehin schon ein Produkt, das mit Freiheit, Selbstbestimmtheit oder auch Männlichkeit verbunden und in der Werbung daher des Öfteren mit Rockmusik kombiniert wird. Die Marke Beck's ist in Bremen beheimatet, das zur Zeit der Gründung der Brauerei (1873) unter anderem ein Ort war, an dem sich Auswanderer einschifften. So inszeniert sich die Marke in ihren Spots seit 1984 mit dem charakteristischen Segelschiff »Alexander von Humboldt« mit markanten grünen Segeln und betont darin häufig eine Atmosphäre der Ungebundenheit auf See, verbunden mit »endloser« Freiheit, Spaß und der Möglichkeit, die eigenen (Fernweh-)Träume verwirklichen zu können. Alle diese Kategorien werden durch die kraftvolle Rockballade »Sail Away« mit dem markanten Gesang von Hans Hartz (bzw. später Joe Cocker) optimal bedient. Durch den hohen Werbedruck und die lange Verwendung des Songs (auch in verschiedenen Arrangements und modernisierten Neuaufnahmen bis 2012) hat die Kombination »Beck's Bier« – »Sail Away« – »Segelschiff« einen hohen Wiedererkennungswert erreicht.

Beispiel für einen erfolgreichen Jingle ist »Wenn's um Geld geht – Sparkasse«. Den Slogan benutzen die deutschen Sparkassen schon seit 1963, den bekannten Jingle dazu gibt es seit 1994. Er funktioniert auch durch seine Einfachheit und die Betonung des Namens »Sparkasse«, aber vor allem durch die kontinuierliche und konsequente Verwendung. Mittlerweile ist der Jingle so fest in den Köpfen der Werbeadressaten verankert, dass der Gesang nicht mehr nötig ist und er meist nur instrumental eingesetzt wird. Auch wenn nur die Musik gespielt wird, weiß jeder, dass es um die Sparkasse geht, und den Text könnten die meisten aus dem Kopf ergänzen. Das macht sich die Sparkasse zunutze und hat den Jingle mittlerweile in vielen Stilen und Instrumentierungen verwendet, ohne dass er deshalb seine Wirkung als Wiedererkennungsmerkmal verlieren würde.

Ähnlich funktioniert auch das bekannte Audiologo der Deutschen Telekom. Die Tonfolge ist einfach und wird bereits lange und konsequent eingesetzt. Auf diese Weise wird das Audiologo von vielen Menschen direkt mit dem Unternehmen verbunden und kann auf sehr einfache Weise eine Gedankenverbindung und Erinnerung hervorrufen. Besonders bei diesem Audiologo ist, dass es dem grafischen Logo folgt und es sozusagen »vertont«: Die fünf Töne entsprechen optisch den vier Punkten und dem »T«, wobei die vier Punkte den gleichen Ton haben (c) und das »T« eine Terz höher erklingt (e). In TV-Werbespots wurde dies teilweise noch dadurch unterstrichen, dass zu jedem Ton der entsprechende Punkt animiert war. Durch dieses Koppeln von Bild und Ton wird die Verbindung von Marke und Audiologo noch stärker.

5. »Video Killed the Radio Star« – Von MTV zu YouTube

Dieses Kapitel widmet sich den Bildern, die zur Musik gezeigt werden: Wir schildern die Geschichte der Musikvideos. Besonderes Augenmerk liegt dabei auf den Ikonen MTV und VIVA und ihrer Bedeutung für den Musikmarkt sowie auf den Entwicklungen der letzten Jahre, zum Beispiel bei Plattformen wie YouTube. Außerdem gibt es einen Überblick über verschiedene Typen und Funktionen von Musikvideos und darüber, warum Menschen Musikvideos konsumieren.

Im Jahr 1966 hatten die Beatles mit dem Song »Paperback Writer« in Großbritannien und in den USA erneut einen Nummer-Eins-Hit gelandet. Sämtliche Medien wollten anschließend Interviews und Aufnahmen mit den vier Musikern aus Liverpool machen. Besonders Fernsehsendungen, die Live-Auftritte von Bands und Solomusikern zeigten, waren daran interessiert, einen Auftritt der Fab Four auszustrahlen. Rein zeitlich war es unmöglich, an all diesen Fernsehsendungen persönlich teilzunehmen. Aus dieser Not heraus produzierten die Beatles kurze Videoaufzeichnungen, in denen sie ihre Songs nachspielten und synchronisierten. Die Aufzeichnungen schickten sie an die verschiedenen Musiksendungen im Fernsehen, um dort präsent zu sein, obwohl kein Studiobesuch möglich war. Diese kurzen Videos zu »Paperback Writer«, »Rain« und später »Strawberry Fields Forever« sowie »Penny Lane« gelten als die ersten Musikvideos. Sie sind die ersten Videos, die über eine reine Aufzeichnung der Darbietung hinausgehen und sowohl Filmeffekte als auch dramaturgische Elemente beinhalten.

Darüber hinaus gibt es noch weitere Aufnahmen, die häufig als erstes Musikvideo bezeichnet werden. Eine dieser Aufnahmen ist das Video zu »Bohemian Rhapsody« von Queen. Der kurze Film wurde ursprünglich nur gedreht, um die Single zu bewerben. Er gilt allerdings bis heute durch seine stilistischen und filmtechnischen Merkmale als *der* Wegbereiter für die Gattung der Musikvideos.

Während der Zeitpunkt der Erfindung des ersten Musikvideos umstritten ist, lässt sich der Beginn des Musikfernsehens und damit auch der Beginn der Ära der Musikvideos eindeutig auf das Jahr 1981 festlegen. Um genau zu sein, auf den 1. August 1981 um 12:01 Uhr. Das war der Zeitpunkt des Sendestarts von MusicTeleVision (MTV, siehe Abb. 6). Es gibt verschiedene Gründe, warum gerade damals die Zeit für die Erfindung des Musikfernsehens reif war. Die wichtigsten Wegbereiter für diese Entwicklung waren die gestiegenen Produktionsstandards der Popmusik, die kulturellen und technologischen Entwicklungen der Medienlandschaft sowie ökonomische Motive der verschiedenen Musik- und Medienunternehmen.

Ende der 1970er Jahre wurde immer mehr Popmusik mithilfe neuer Technologien produziert. Musiker und Produzenten setzten beispielsweise Drumcomputer, Synthesizer und Sequencer ein und erzeugten und speicherten damit künstliche Sounds. Mithilfe von Computern konnte man Instrumente aufnehmen, Studioaufnahmen kopieren und bearbeiten. Dieses sogenannte Sampling beeinflusste auch die Live-Auftritte vieler Musiker und Musikgruppen. Bei Bühnenauftritten verzichteten sie häufiger darauf, Instrumente zu spielen, und die Zuschauer gewöhnten sich daran, dass viele der

Abb. 6 Das Logo von MTV in der ersten Szene, die der Musikfernsehsender 1981 ausstrahlte

Mit freundlicher Genehmigung von Viacom International Media Networks Northern Europe

Sounds zu hören waren, ohne dass ihnen eine Quelle zugeordnet werden konnte. Damit einher ging eine künstlerische Ausgestaltung vieler Aufführungen, bei denen nun auch viele visuelle und schauspielerische Elemente in den Vordergrund traten. Neben dekorativen Elementen wurden auch Videoclips eingesetzt, um die Musik und die Inszenierung zu unterstützen. Diese Art der Bühnenpräsentation ebnete der audiovisuellen Darstellung von Musik und somit den Musikvideos den Weg und passte zu den Vorstellungen der Schöpfer von MTV.

Bevor MTV gegründet wurde, gab es schon einige Versuche, die Pop- und Rockmusik mit dem Fernsehen zu vereinen. In den 1960er und 1970er Jahren erfolgten erste Schritte in

Form von amerikanischen Musiksendungen wie »Shindig!«, »Hullaballoo« und »Saturday Night Live« oder dem deutschen Format »Beat Club«. Aber erst durch das Kabel- und Satellitenfernsehen in den 1970er Jahren entstand der Raum für einen ganzen Musik-Spartenkanal wie MTV. Wegen der Globalisierung des Fernsehens setzten Spartenkanäle auf eine bestimmte Strategie. Zum einen sollte mit einem spezialisierten Programm ein spezielles Publikum angesprochen werden, und zum anderen sollte dieses Programm global tragfähig sein. Im Fall von MTV sollten Jugendliche weltweit angesprochen werden, und zwar mit der universellen Sprache der Pop- und Rockmusik. Die Betreiber von Fernsehunternehmen, die nun immer mehr Fernsehsender auf den Markt brachten, suchten vermehrt nach günstigen und lukrativen Konzepten für Spartensender. Das Konzept Musikfernsehen erschien vielversprechend: Die Produktionskosten für Musikvideos sind verhältnismäßig gering, Musikvideos werden zudem extern hergestellt, und sie können immer wieder gezeigt werden. So war es möglich, sehr kostengünstig ein Programm zu erstellen, das außerdem eine ganz bestimmte Zielgruppe ansprach, die sehr wichtig für die werbetreibende Industrie ist: Jugendliche.

Aber auch die wirtschaftlich schwächelnden Musikunternehmen entdeckten schnell das Potenzial von MTV. Da die erfolgsverwöhnte Musikindustrie seit Ende der 1970er Jahre stetig sinkende Einnahmen verzeichnete, kam diese vielversprechende Entwicklung gerade recht. Zu den Umsatzeinbußen war es aus mehreren Gründen gekommen: Es gab wenige erfolgreiche Stars, viele illegale Kopien von Musikprodukten auf Kassetten, immer mehr konkurrierende Medienangebote und eine schlechte Wirtschaftslage. Musikvideos waren verglichen mit kostspieligen Konzerttourneen und Airplays im zunehmend auf Mainstream-Produkte konzentrierten Radio eine willkommene Alternative, um ein Musikprodukt und den Interpreten zu bewerben. Ein Interpret konnte in einem

Musikvideo dargestellt werden wie in einem sehr langen Werbespot. Einem Werbespot, der dazu noch kostengünstig zu produzieren ist und häufig in einem Programmumfeld läuft, das besonders von der wichtigsten Zielgruppe geschaut wird. Die Musikindustrie profitierte in zweierlei Hinsicht von der Entwicklung des Musikfernsehens: Zum einen waren Musiker immer öfter in Videoaufnahmen zu sehen, und die Zuschauer gewöhnten sich daran. Dadurch konnte die Musikindustrie ihre Musiker zunehmend als Werbeträger in anderen Werbekontexten einsetzen beziehungsweise werbetreibenden Firmen anbieten. Zum anderen konnte die Musikindustrie immer mehr Lizenzgebühren für die Ausstrahlung der urheberrechtlich geschützten Musik verlangen. Das Musikfernsehen in Form von MTV war eine Erfindung, die sich als äußerst gewinnbringend für die beteiligten Industrien herausstellte.

MTV – die unangepasste Musikwelt für Jugendliche in den 80er Jahren

Der Musiksender MTV musste sich zunächst in den USA etablieren. Das Konzept war neu und zuvor nicht getestet worden. Man verließ sich auf die Kombination von zwei Komponenten, die beide zentral für die junge Generation waren: Fernsehen und Musik. Dabei sollte Musikfernsehen nicht einfach nur eine Art visualisiertes Radio werden, sondern vielmehr etwas Neues, etwas mit einem Mehrwert für Jugendliche. Rockmusik sollte in den Jugendzimmern greifbar werden und nicht mehr nur über Live-Auftritte erlebbar sein. Die MTV-Entwickler setzten außerdem auf eine neuartige Programmgestaltung: Anstatt Inhalte auszustrahlen, für die die Zuschauer pünktlich einschalten müssen, wenn sie wissen möchten, was passiert, etablierten sie ein innovatives fortlaufendes Sendekonzept. Mit den vielen Musikvideos sollte ein Fluss an audiovisuellen Inhalten entstehen, in den die Zuschauer jederzeit eintauchen konnten, um dann möglichst lange das Programm zu verfolgen. Dazu kam, dass sogenannte Video-Jockeys (auch: VJs oder V-Jays), also Discjockeys für Musikvideos, als Moderatoren eingesetzt wurden. Sowohl das Auftreten der VJs als auch die Gestaltung der Fernsehstudios führten zu dem unverkennbaren Aussehen von MTV.

Während der Anfänge von MTV in den ersten zwei bis drei Jahren bestand die anvisierte Zielgruppe aus jungen, städtischen, weißen Männern. Diese Bevölkerungsgruppe verfügte über die notwendige technische Ausstattung, um den Sender zu empfangen, war am häufigsten in der US-amerikanischen Bevölkerung vertreten und besaß von allen jugendlichen Zielgruppen die höchste Kaufkraft. Ihr Musikgeschmack, der zunächst von MTV hauptsächlich bedient wurde, entsprach dem Radioformat Album Oriented Rock (siehe Kapitel 3). Das bedeutet, MTV spielte hauptsächlich Rockmusik, die häufig auch unbekannter und progressiver war und nicht unbedingt der Mainstream-Popmusik entsprach. Der Sender war jedoch bald darauf angewiesen, mehr und vor allem ständig neue Musikvideos auszustrahlen. Das führte dazu, dass immer mehr Videos aus Großbritannien gezeigt wurden. So beeinflusste die britische New-Pop-Welle der 80er Jahre maßgeblich das frühe Bild von MTV. Das führte den Sender letztlich zum Erfolg und prägte das Bild des frühen MTV aus heutiger Sicht am meisten. Trotz des innovativen Konzepts und der klar definierten Zielgruppe war MTV in den ersten Jahren jedoch kein wirtschaftlicher Erfolg. Kaum jemand kannte MTV, und der Sender war auch nur in verhältnismäßig wenigen Haushalten zu empfangen.

Erst 1984 konnte MTV einen wirtschaftlichen Aufschwung verzeichnen. Der Sender war zu dieser Zeit in etwa 18 Millionen US-amerikanischen Haushalten zu empfangen, was zehnmal so viele waren wie zum Sendestart. Diese Entwicklung war aus heutiger Sicht vor allem das Ergebnis der innovativen

Programmgestaltung sowie einer neuen Führungsstrategie. Indem er Exklusivverträge mit den großen Firmen der Musikindustrie abschloss, stärkte der Sender seine Marktposition noch weiter. Aufkommende Konkurrenz konnte er so bereits im Keim ersticken. Außerdem gab es umfassende Veränderungen in der Programmgestaltung. So ging MTV ab 1984 dazu über, das Flow-Prinzip aufzugeben, zugunsten eines strukturierteren Programms mit Special-Interest-Sendungen.

Die Musikindustrie profitierte von dieser Entwicklung. Viele Bands, wie zum Beispiel Duran Duran oder The Stray Cats, gelangten erst durch MTV zu Berühmtheit, und die Absatzzahlen der Musiktonträger gingen in dieser Zeit deutlich nach oben. Das führte wiederum dazu, dass die Musikindustrie weiter in die Produktion von Musikvideos investierte. Die Budgets für Videoproduktionen lagen im Jahr 1984 zwischen 15 000 und 50 000 US-Dollar und erreichten vereinzelt sogar Spitzenwerte von über 100 000 Dollar.

Mitte der 1980er Jahre war MTV erstmals in einer Krise. Der Sender wurde zunehmend als langweilig wahrgenommen, und die Einschaltquoten sanken zum ersten Mal. Trotz der sinkenden Quoten wurde MTV im Jahr 1985 von Viacom gekauft. Um den Abwärtstrend des Senders zu stoppen, setzte der Mutterkonzern eine neue Generation von Verantwortlichen ein. Diese Generation war bereits mit Musikvideos sozialisiert worden und leitete Maßnahmen ein, um die Krise zu bewältigen.

Zunächst wurde das Programm breiter aufgestellt. Das heißt, man entwickelte Special-Interest-Formate, die verschiedene Gruppen jugendlicher Zuschauer ansprechen sollten. Dabei wurde unter anderem mit Sendungen wie »YO! MTV Raps« ein neuer Schwerpunkt auf Hip Hop gelegt. Auch elektronische Tanzmusik mit »Club MTV« und Heavy Metal mit »Headbangers Ball« waren von nun an im Programm vertreten. Diese Segmentierung des Programms half zusätzliche Werbekunden zu generieren, die im Umfeld der spezialisierten Sendungen noch zielgenauer ihre gewünschte Zielgruppe erreichen konnten.

Zudem sollte das Image des Senders durch umfangreiche Berichterstattungen verbessert werden, beispielsweise über den Werdegang von Nirvana und den Tod des Sängers und Gitarristen Kurt Cobain. Neue V-Jays mit herausstechenden Persönlichkeitsmerkmalen wurden engagiert. Auch selbstproduzierte Sendungen, wie die heute immer noch bekannten Formate »MTV Unplugged« oder die Trickserie »Beavis and Butt-Head« und nicht zuletzt die umfangreiche Werbekampagne mit dem Titel »Some People Just Don't Get It«, trugen zu dem neuen Image bei. In der Werbekampagne wurden Autoritätspersonen, wie konservative Politiker oder kirchliche Würdenträger, gezeigt, die sich klischeehaft abwertend über den Sender ausließen. MTV unterstrich damit die jugendliche, rebellierende Haltung und reagierte zudem geschickt auf die tatsächlichen Vorwürfe von MTV-Kritikern.

Letztlich war das wichtigste Kriterium allerdings das unnachgiebige Bestreben von MTV, die Marktherrschaft zu behalten. Dazu dienten zum einen die lang andauernden Exklusivverträge mit der Musikindustrie. Zum anderen expandierte der Sender mit mehreren Ablegern weltweit und machte sich in vielen Ländern für die Musik- und Konsumgüterindustrie unverzichtbar – als zentrales Werbemedium für die jugendliche Zielgruppe in den 90er Jahren.

VIVA – der angepasste Musikfernsehsender für die Deutschen in den 90er Jahren

Seit der Gründung von MTV Europe im Jahr 1987 gab es auch eine europäische Außenstelle des erfolgreichen Musiksenders, die erst 1997 durch MTV Germany mit speziell deutschen Formaten ausgestattet wurde. Anfang der neunziger Jahre versuchten in Deutschland Medienschaffende und Teile der Mu-

Abb. 7   Logo von VIVA zum Sendestart 1993

Mit freundlicher Genehmigung von Viacom International Media Networks Northern Europe

sikindustrie, einen eigenen Musikfernsehsender zu initiieren. Dieses Vorhaben gelang schließlich am 1. Dezember 1993 mit dem Sender VIVA (Abb. 7). Der Sendername war eine Abkürzung und stand tatsächlich für Videoverwertungsanstalt. Vier der fünf damals größten Plattenfirmen, der sogenannten Major Labels, namentlich Time Warner, Sony, PolyGram (Philips) und EMI, gründeten gemeinsam das deutsche Pendant zu MTV. Die Bertelsmann Group beteiligte sich nicht an der Gründung, da sie mit RTL2 bereits einen Sender führte, der eine ähnliche Zielgruppe ansprechen sollte.

Anfangs bestand das Programm von VIVA hauptsächlich aus sogenannten Bits. Das waren kurze Abschnitte, bestehend aus Nachrichten über Popmusik und Jugendkultur, Interviews sowie natürlich Musikvideos. Auch der deutsche Musikfernsehsender benötigte zunächst zwei Jahre, um sich zu entwickeln und auch wirtschaftlich rentabel zu werden. Nach diesen zwei Jahren jedoch überholte VIVA schon bald das in Deutschland ausgestrahlte MTV (und noch einige andere Privatsender) beim Marktanteil unter den 10- bis 18-Jährigen. Das Konzept von VIVA grenzte sich deutlich von dem internationalen und künstlerischen Anspruch von MTV ab: Der neue Sender war an der deutschen Jugend orientiert und wirkte folglich regional und weniger progressiv. Unter anderem auch, weil die Betreiber von VIVA viele Ressourcen darauf verwendeten, musikalische Talente aus dem deutschsprachigen Raum zu entdecken und zu fördern. Darüber hinaus wurde das Design von VIVA entsprechend gestaltet: Die Optik des Senders war zwar bunt, aber einfach und glich eher einem Supermarkt als einer Kunstausstellung. Als Moderatoren wurden überwiegend unerfahrene Jugendliche und Junggebliebene statt gestandener Moderatoren mit TV-Erfahrung eingesetzt. Die Ansprache durch die Moderatoren war an der Jugendsprache orientiert und wirkte an vielen Stellen nicht wirklich professionell. Für viele dieser Moderatoren war VIVA die erste Station einer sehr erfolgreichen Karriere in der Unterhaltungsindustrie. Zu ihnen gehörten unter anderem Mola Adebisi, Matthias Opdenhövel, Oliver Pocher, Sarah Kuttner und Charlotte Roche. Vor allem aber waren es Heike Makatsch mit ihren Sendungen »Interaktiv« und »Heikes Hausbesuch« und Stefan Raab mit dem Format »Vivasion«, die die Aushängeschilder des Senders wurden und auch nach ihrer Zeit beim Musikfernsehen äußerst erfolgreiche Karrieren bestritten.

Zu Beginn des 21. Jahrhunderts versuchten viele verschiedene Medien- und Musikunternehmen VIVA zu übernehmen. Letztlich ging der MTV-Mutterkonzern Viacom als Gewinner hervor. Im Jahr 2004 übernahm der Konzern den Großteil der Aktien der VIVA Media AG zu einem verhältnismäßig hohen Preis. Die Summe von rund 309 Millionen Euro stellte erneut das Bestreben von Viacom unter Beweis, Marktführer im Bereich Musikfernsehen zu bleiben. Das wurde mit der Übernahme des größten deutschen Konkurrenten sichergestellt.

Direkt nach der Übernahme strebte Viacom an, die Senderstruktur weiter auszudifferenzieren und vor allem die beiden Hauptsender MTV und VIVA nachvollziehbar voneinander abzugrenzen. Neben personellen Umstellungen sollte vor allem das Programm von VIVA neu ausgerichtet werden. Vorzeigeformate für eine ältere und anspruchsvollere Zuschauerschaft wie »Fast Forward«, moderiert von Charlotte Roche, und das zu diesem Zeitpunkt neu entwickelte Format »Sarah Kuttner – Die Show« wurden aufgegeben. Stattdessen kaufte man weniger fordernde Formate ein, die eine jüngere Zielgruppe ansprechen sollten. Vor allem waren dies Wiederholungen der Realityshow »Big Brother« sowie verschiedene Datingshows. Erst ein Jahr nach der Übernahme war der Sender grundlegend umstrukturiert und die Ausdifferenzierung zwischen MTV und VIVA abgeschlossen. Während MTV ein international orientiertes, unangepasstes und vor allem männliches Publikum ansprechen sollte, richtete sich VIVA, mit einem Akzent auf deutscher Popmusik und -kultur, an chartorientierte und hauptsächlich weibliche Zuschauer. Bereits 2006 zeigten sich bei beiden Sendern erneut Erfolge. MTV kam durchschnittlich auf 2,2 Prozent und VIVA auf 2,3 Prozent Marktanteil bei den 14- bis 29-Jährigen, was für beide Sender bis dato Spitzenwerte darstellte.

Auch wenn das Konzept anfangs erfolgreich war, so zeichnete sich doch gegen 2010 ab, dass in der Zielgruppe kein Bedarf mehr für zwei deutsche Musiksender vorhanden war. Im Jahr 2011 stellte MTV Germany gemeinsam mit MTV Austria den Betrieb im herkömmlichen Fernsehen ein und war von nun an nur noch über Pay-TV zu empfangen. VIVA war von da an der einzige deutsche Musikfernsehsender im Free-TV. Viele Erfolgsformate und das Design der beiden Musiksender wurden fusioniert. So arbeitete VIVA fortan mit Formaten, die ursprünglich für MTV erfunden worden waren, wie »All Eyes On«. Das Logo und die gesamte Gestaltung von VIVA wurden an das modernisierte Design von MTV angepasst. VIVA musste sich zudem die Sendezeit auf einem Kanal immer wieder mit wechselnden Sendern wie Nickelodeon und Comedy Central teilen. Heute läuft VIVA nur noch zwölf Stunden am Tag. Seit Ende 2015 verzichtet der Sender auf die umstrittenen Realityformate. Er kehrte zur ursprünglichen Idee des Musikfernsehens zurück, indem er wieder fast ausschließlich Musikvideos sendet.

»YouTube Killed the MTV Star«?
Der Musikvideoclip kommt ins Netz

Die Nutzung von Musikvideos sollte sich durch die Entwicklungen im Internet mit Beginn des 21. Jahrhunderts sehr verändern. Ab den 2000er Jahren sprechen wir nicht mehr nur vom World Wide Web, sondern vom sogenannten Web 2.0. Dieser Begriff betont die kollaborativen und interaktiven Elemente des Internets: Wer sich im Web 2.0 bewegt, ist nicht mehr einfach nur ein Konsument von Angeboten, sondern kann auch selbst zum Produzenten werden. Man spricht hier auch von Prosumenten: halb Produzenten, halb Konsumenten.

Wer sich im Web 2.0 bewegt, kann zum einen eigene Inhalte veröffentlichen. Zum anderen kann er selbstständig und frei über die vorhandenen Inhalte verfügen. Das bedeutet auch, dass im Gegensatz zu klassischen Medien der Nutzer im Web 2.0 sein Medienprogramm eigenständig zusammenstellen kann. Er ist beispielsweise nicht mehr auf Sendungen im Radio angewiesen, sondern stellt sich seine eigene Playlist mit MP3s oder bei einem Streamingdienst zusammen. Die Zeitung muss er nicht morgens am Kiosk kaufen, sondern kann sie lesen, wann und wo er will. Außerdem kann er die Artikel schon vorab nach eigenen Interessen filtern. Sendezeiten im Fernsehen muss er nicht mehr beachten – er schaut Filme oder Serien, wann er möchte. Unter dieser Entwicklung litt vor allem das Musikfernsehen. Musikvideos sind nicht allzu lang und benötigen nicht so viel Speicherplatz wie beispielsweise eine Fernsehserie oder ein Film, wodurch sie vergleichsweise einfach digital zu verbreiten sind. Bereits in den 1990er Jahren wurden viele Musikvideos in illegalen Peer-to-Peer-Netzwerken geteilt, und ab den 2000ern stellten Privatpersonen die Videoclips ohne Genehmigung auf Video-Plattformen wie YouTube bereit.

Schon früh wurde den Musikfernsehsendern bewusst, dass Musikvideos allein die Zuschauer nicht mehr beim Fernsehprogramm halten würden. Sie versuchten zum einen, mit vielen sendereigenen Produktionen von Unterhaltungssendungen Zuschauer zu binden. Zum anderen erschloss beispielsweise MTV früh neue Distributionswege. Das bedeutet, der Sender entwickelte neue Kanäle wie MTV digital oder MTV mobil. Auf diesen Kanälen konnten Nutzer das Programm online am Computer oder mit Smartphones ansehen. Dabei sollten diese Angebote, ganz im Sinne des Web 2.0, individuell angepasst werden können und interaktiv sein. Aber trotz aller Bemühungen wurde doch YouTube zum Marktführer für Musikvideos im World Wide Web.

Musikvideos waren bei YouTube von Anfang an sehr beliebt, vor allem bei jugendlichen Internetnutzern. Gut gemachte, innovative und unterhaltsame Videos werden häufig von Nutzern bewertet, weiterverbreitet und sogar weiterverarbeitet oder nachproduziert. Manche Videos werden über YouTube so stark verbreitet, dass sie zu werbetechnischen Selbstläufern werden. Beispiele dafür sind »Here It Goes Again« von der amerikanischen Rockband OK Go, das über 52 Millionen Views hatte, bis es vier Jahre nach Veröffentlichung vorübergehend von YouTube entfernt wurde, oder »Gangnam Style« vom südkoreanischen Rapper Psy (mehr als 2,4 Milliarden Views). Die Musiker und Musikunternehmen müssen in solchen Fällen nicht mehr um Sendeplätze bei den Musikfernsehsendern kämpfen, und die Videos werden trotzdem massenhaft angeschaut. Die Tragfähigkeit von Musikvideos im Netz war auch MTV bewusst. Das wurde deutlich, als 2012 erstmals bei den MTV Music Awards das *Most Share-Worthy Video* (also das »teilungswürdigste« Video) ausgezeichnet wurde. Der Preis ging an One Directions Video zu »What Makes You Beautiful«. Besonders die beispielhaft erwähnten Videos von OK Go und Psy, aber auch viele andere Musikvideos, die hohe Aufmerksamkeit im Netz erhielten, waren sehr günstig produzierte Videos. Die finanziellen Budgets für Musikvideos waren nicht mehr vergleichbar mit denen der goldenen Jahre der Musikvideos zwischen 1985 und 1996. Deshalb sprachen Medienkritiker häufig davon, dass die Zeit der Musikvideos vorüber sei. Oder provokant gesagt: Internet Killed the Video Star.

Allerdings zeigte sich schnell, dass diese Aussage so nicht haltbar war. Musikvideos waren und sind der beliebteste und am weitesten verbreitete Inhalt bei YouTube. Nach wie vor lassen Künstler wie zum Beispiel Lady Gaga oder Kanye West auch hochwertige Musikvideos produzieren. Treffender ist die Aussage, dass die Online-Nutzung von Musikvideos dazu führte, dass das klassische Musikfernsehen immer mehr an Bedeutung verlor. An seine Stelle traten Start-Ups, die neue Wege suchten, um den Zuschauern individuelle Musikvideoprogramme im Internet zu liefern. In Deutschland versuchten vor allem das unabhängige Berliner Unternehmen Tape.tv und Putpat (mittlerweile fusioniert mit Ampya), hinter dem die ProSiebenSat1-Gruppe stand, eine neue Ära des Musikfernsehens zu etablieren. Die neuen Online-Musikfernsehsender wurden auf die Nutzungsweisen der Internetzielgruppe abgestimmt. Die Angebote ermöglichen es den Nutzern, Musikvideos selbstständig zusammenzustellen. Sie empfehlen den Nutzern Videos auf Grundlage ihrer Sehgewohnheiten. Darüber hinaus enthalten die Portale auch redaktionell erstellte Programme und exklusive Inhalte wie Interviews und Unplugged-Konzerte. Weltweit etablierte sich in diesem Segment vor allem das Musikvideo-Portal Vevo. Vevos Erfolg beruht darauf, die einzige internationale Plattform zu sein, die ohne Urheberrechts-Probleme offizielle Musikvideos anbietet – das gilt zumindest für die Musikvideos von Künstlern der Labels Sony und Universal, deren gemeinsames Projekt Vevo ist. Vevo verbreitet die Musikvideos über eine eigene Plattform und in vielen Ländern – allerdings nicht in Deutschland – auch über YouTube. In Deutschland konnte Vevo vor allem punkten, weil auf dem Portal Videos gezeigt werden, die aufgrund von Urheberrechtsverletzungen und langwierigen und schwierigen Lizenzverhandlungen nicht mehr auf YouTube ausgestrahlt werden konnten. Mithilfe von Vertragsvereinbarungen mit den Rechteinhabern machte Vevo diese Musikvideos auch für Internetnutzer aus Deutschland wieder verfügbar.

Nach wie vor werden Musikvideos als wichtige ästhetische Elemente der Popmusikkultur begriffen und auch von vielen Musikern immer noch als solche behandelt, was man daran erkennen kann, dass die Produktion innovativer und ansprechender Musikvideos nicht abreißt. Aber auch aus der wirtschaftlichen Perspektive gesehen, ist das Musikvideo immer noch ein wichtiges Produkt mit hohem Werbepotential für die Musikindustrie: Videos, die im Web häufig geteilt, kommentiert und weiterverarbeitet werden, wirken sich positiv auf die Verkaufszahlen und Chartplatzierungen aus. Das Musikvideo ist aus dem Internet nicht mehr wegzudenken.

Das Medium Musikvideo

Musikvideos werden nicht nur zu Werbezwecken produziert, sie sehen zum Teil auch aus wie Werbevideos, in denen Musiker in Szene gesetzt und überhöht dargestellt sind. Tatsächlich ist das Musikvideo aber zu einer eigenen Kunstform der Popmusik geworden. Man unterscheidet vor allem drei Formen von Musikvideos, die sich zum Teil überschneiden und in verschiedenen Abwandlungen auftreten:

1. Performance-Videos
2. Narrative Videos
3. Konzeptvideos

Die *Performance-* oder auch *Präsentationsvideos* sind die häufigste Form der Musikvideos. In ihnen werden die Musiker dargestellt, wie sie den entsprechenden Song singen oder auch auf ihren Instrumenten spielen. Die Videos ähneln entweder tatsächlichen Live-Auftritten (Foo Fighters – »Wheels«), bei denen sich die Musiker an ein meist unsichtbares Publikum richten, oder aber die Performance ist tänzerisch choreografiert (»Single Ladies« von Beyoncé).

Bei den *narrativen Videos* wird meist eine Geschichte um einen Protagonisten erzählt. Dieser ist häufig auch der Musiker selbst. Hier werden in der Regel Geschichten aufgearbeitet, die zum Inhalt des Musikstücks passen können (Taylor Swift mit »Blank Space«) oder aber auch inhaltlich wenig bis nichts mit dem Song zu tun haben (a-ha – »Take On Me«).

Die dritte Form, die sogenannten *Konzeptvideos,* verknüpfen Bild und Ton in einer assoziativ-illustrativen Form. Bei diesem Typ Musikvideo werden Eindrücke, die über die Musik wahrgenommen werden, künstlerisch und häufig traumähnlich sichtbar gemacht. So können beispielsweise musikalische Elemente wie rhythmische Schläge oder Klänge visualisiert werden (»Star Guitar« von Chemical Brothers), oder das ganze Video sieht aus wie eine Traumsequenz mit animierten Figuren, Bildern und Effekten (Gorillaz – »Clint Eastwood«).

Viele Musikvideos verbinden Elemente der drei beschriebenen Formen. Häufig sieht man beispielsweise Performance-Videos, die zusätzlich mit narrativen Handlungen (One Republic – »Counting Stars«) oder künstlerischen Visualisierungen, die an Konzeptvideos erinnern (Björk – »Mutual Core«), verknüpft werden.

Die ästhetischen Ansprüche der Musikvideos sind so unterschiedlich wie die verschiedenen Genres der Popmusik. Allerdings orientieren sich die meisten Musikvideoproduktion eher an Filmen als beispielsweise an Aufnahmen von Live-Auftritten. So werden in fast allen Musikvideos Techniken aus der Filmproduktion eingesetzt, wie Schnitte, Blenden und Spezialeffekte. Umgekehrt hatten Musikvideos wiederum ab den 1980er Jahren ihren eigenen Einfluss auf die ästhetische Gestaltung von Filmen, Fernsehsendungen und Fernseh-serien. Zum Beispiel war die Serie *Miami Vice* (1984–1989) mit auffällig viel Musik unterlegt und mit schnellen Schnitten versehen, wie man sie aus Musikvideos kennt.

Nicht nur andere Medien wurden durch die Verbreitung der Musikvideos beeinflusst – auch die Wissenschaft wurde aufmerksam. Schon Mitte der 1980er Jahre beschäftigten sich viele Forscher mit dem Phänomen Musikvideos. Vor allem für Medien-, Kommunikations- und Musikwissenschaftler, aber auch für Soziologen und Pädagogen waren Musikfernsehen und Musikvideos ein vielversprechender Forschungsbereich. Zentral waren dabei drei Fragen: 1.) Warum und in welchen Situationen schauen sich die Nutzer Musikvideos an? 2.) Wie beeinflussen Musikvideos die Zuschauer? 3.) Wie verstehen und verarbeiten die Nutzer die Musikvideos?

Bereits eine der ersten Studien im Jahr 1986 brachte viele Erkenntnisse zu der ersten Frage. Die Forscher wollten wissen, ob es andere oder neue Gründe gibt, warum sich Personen diesem neuen Medienangebot zuwenden und ob sich die Art Musikfernsehen anzuschauen vom »normalen« Fernseh- und Musikkonsum unterscheidet. Dazu befragten die Wissenschaftler Jugendliche und fanden heraus, dass vor allem das Interesse an Musik, Interpreten, Trends, Tanz und dargestellten Weltanschauungen für die meisten Jugendlichen entscheidend dafür ist, dass sie sich Musikvideos anschauen. Man musste die neuesten Musikvideos kennen, um unter Freunden mitdiskutieren zu können. Videos anschauen galt zudem als ein unterhaltsamer Zeitvertreib, bei dem man dem Alltag ein Stück weit entfliehen kann.

Die faszinierendste Erkenntnis für die Forscher war damals allerdings das Verhalten des jugendlichen MTV-Publikums: Die Jugendlichen schauten sich die Musikvideos nur nebenbei an. Bisher war Fernsehen ein Medium, das die Zuschauer gefesselt hatte und die volle Aufmerksamkeit auf sich zog. Die Forscher konnten nur schwer nachvollziehen, wie und warum Jugendliche nicht aufmerksam ihr erklärtes Lieblingsprogramm anschauen. Aber diese Erkenntnis entsprach der Wahrheit. MTV war immer und überall eingeschaltet und lief während der Hausaufgaben, während man einem Hobby nachging, wenn Jugendliche mit Freunden zusammen waren oder auch während man miteinander telefonierte. Natürlich schauten sich Jugendliche auch manchmal aufmerksam Musikvideos an, aber das kontinuierliche Flimmern der Musikvideos im Hintergrund wurde zur Sehgewohnheit der Jugend.

Wenn man Erwachsene und im Speziellen Eltern dazu befragte, wie sie zum Musikfernsehen stehen, äußerten sie meistens große Vorbehalte: MTV habe einen schlechten Einfluss auf die Sexualität der Jugendlichen, die ganzen Musikvideos führten zu erhöhtem Drogenkonsum und Gewalt. Tatsächlich zeigte sich aber, dass die Auswirkungen der Musikvideos nicht so verheerend sind, wie besorgte Kreise angenommen hatten. Trotzdem können Musikvideos einen Einfluss haben. In verschiedenen Studien konnte gezeigt werden, dass gewalthaltige Inhalte bei den Zuschauern zu negativen Emotionen und Ablehnung führten, während sexuelle Inhalte positive Emotionen und Zustimmung hervorriefen. Problematisch war vor allem, dass traditionelle oder stereotype Darstellungen von Frauen und Männern in den Videos die Einstellungen zu Geschlechterrollen bei den Jugendlichen verstärkten und diese Einstellungen wiederum ihre Vorlieben für Musikgenres und Musikvideos beeinflussten.

Mit dem Bedeutungsverlust der Musikvideos und des Musikfernsehens im Alltag der Jugendlichen hat auch das Interesse der Wissenschaft an diesen Themen wieder abgenommen. Die Geschichte der Musikvideos ist gut dokumentiert und kann mittlerweile sogar in Museen betrachtet werden. Der Zenit des Musikvideo-Zeitalters mag überschritten sein – aber Musikvideos und Videos mit musikalischen Inhalten prägen die Zuschauer und die Popkultur nach wie vor sehr stark.

6. »The Winner Takes It All« – Vom Eurovision Song Contest zu The Voice of Germany

Musik ist aus dem regulären Fernsehprogramm abseits der Musikfernsehsender nicht mehr wegzudenken. Sie ist Bestandteil vieler Formate im privaten und öffentlich-rechtlichen Fernsehen. Sie dient als Programminhalt, zur Untermalung oder auch als Pausenfüller. Seit dem Jahr 2000 haben Musikcastingshows die mediale Bühne erobert, doch das Konzept des musikalischen Wettstreits im TV ist schon viel älter. Dieses Kapitel gibt einen Überblick über die Entwicklungen von Musikwettbewerben im Fernsehen und analysiert mit dem Eurovision Song Contest, »Popstars« sowie »DSDS« drei Formate, die diese Entwicklung besonders geprägt haben.

Für die Musikindustrie sind Fernsehsendungen, in denen Musik vorgestellt und somit beworben werden kann, sehr wichtig. Shows wie »Die Harald Schmidt Show«, »TV Total« oder »Wetten, dass..?« waren und Shows wie »Circus Halligalli« und »Neo Magazin Royale« sind in Deutschland wichtige Plattformen, um Musik zu präsentieren. Dagegen werden Sendungen wie »Die ultimative Chartshow« oder »Top of the Pops«, die sich zwar ausschließlich mit Musik beschäftigen, aber unbeständige Einschaltquoten erzielen, nicht als die besten Möglichkeiten betrachtet, um Musikprodukte zu bewerben. Ein Konzept allerdings scheint für Musik im Fernsehen schon immer erfolgreich zu sein: Der Wettbewerb. Während

es in der frühen Fernsehgeschichte um das beste Musik-
stück oder den besten Komponisten ging, werden mittlerweile Deutschlands Superstar oder die beste Stimme gesucht.
Formate, die einen musikalischen Wettbewerb – welcher Art
auch immer – präsentieren, sind sehr beliebt und haben eine
lange Geschichte im deutschen Fernsehen.

Eine kurze Geschichte der Musikwettbewerbe im Fernsehen

Der älteste Musikwettbewerb im Fernsehen läuft heute immer noch und ist somit auch der langlebigste Vertreter dieses
Genres: Der »Eurovision Song Contest« (ESC). Bereits 1956
wurde die Sendung in einer gemeinschaftlichen Produktion
der Europäischen Rundfunkunion (EBU) europaweit veran-
staltet und ausgestrahlt. Der »Grand Prix Eurovision de la
Chanson«, wie der ESC zu Beginn und in Deutschland bis ins
Jahr 2001 hieß, sollte eine jährlich wiederkehrende Gemeinschaftsproduktion der europäischen Rundfunkanstalten werden. Vorbild für den Wettbewerb war das italienische Musik-
festival »Festival di Sanremo« – ein Kompositionswettbewerb,
der bereits seit 1951 existierte. Seither schaffte es der ESC jedes Jahr unter die zehn beliebtesten Unterhaltungssendungen
im deutschen Fernsehen. Bei diesem internationalen Wettbewerb kann jedes europäische Land einen in Vorentschei-
den bestimmten Interpreten mit einem Song am Wettbewerb
teilnehmen lassen. Im Anschluss wählt jedes Land im Wettbewerb seine Favoriten unter allen Teilnehmern und vergibt
an diese Punkte. Bis zum Jahr 1997 war nur jeweils eine Lan-
desjury berechtigt, die Lieder der Teilnehmer zu bewerten,
während zwischen 1997 und 2009 nur die Zuschauer wahlbe-
rechtigt waren. Seit 2009 setzt sich die Punktevergabe aus Pu-
blikums- und Jurybewertungen zusammen.

In Deutschland reagierten die öffentlich-rechtlichen Fernsehanstalten auf den Erfolg des internationalen Wettbewerbs, indem sie 1961 erstmals die »Deutschen Schlager-Festspiele« ausstrahlten. Dieser jährliche Wettbewerb lief bis 1966 und wurde nach einem Jahr Pause vom ZDF unter dem Namen »Deutscher Schlagerwettbewerb« noch vier weitere Male ausgestrahlt. Der Wettbewerb orientierte sich stark am ESC, 1962 war er sogar gleichzeitig der deutsche Vorentscheid für den ESC. Die Siegertitel der ersten Jahre, wie beispielsweise »Zwei kleine Italiener« von Conny Froboess, waren äußerst erfolgreich und gelten heute noch als Evergreens. Das Format verlor jedoch schnell an Beliebtheit, sodass es 1973 eingestellt wurde. Mitte der 1990er Jahre wurden die Schlager-Festspiele wiederbelebt. Der Erfolg blieb aber aus, was dazu führte, dass der Wettbewerb wieder abgesetzt wurde.

Darüber hinaus wurde im Jahr 1986 erstmals ein sehr erfolgreicher deutschsprachiger Musikwettbewerb ausgestrahlt, der eine Gemeinschaftsproduktion von deutschen, österreichischen und schweizerischen Rundfunkanstalten war: »Der Grand Prix der Volksmusik« brachte viele erfolgreiche Siegertitel hervor und galt als die erste Station für eine erfolgreiche Karriere vieler Stars der Volksmusik wie Stefan Mross und Stefanie Hertel. Im Laufe der Zeit hatte allerdings auch dieser Musikwettbewerb mit niedrigen Einschaltquoten zu kämpfen; er wurde 2010 zum letzten Mal ausgestrahlt.

Eine sehr erfolgreiche Adaption des europäischen Vorbilds ESC ist der »Bundesvision Song Contest« von Stefan Raab. Seit 2005 konnten die Bundesländer, ähnlich wie beim ESC, einen Kandidaten mit einem Song in den Wettbewerb schicken. Der Erfinder und Gastgeber des Wettbewerbs, Stefan Raab, beendete Ende 2015 seine Fernsehkarriere und somit auch vorerst die Ausstrahlung des »Bundesvision Song Contests«. Dieser Wettbewerb bediente alle Genres der populären Musik und stieß bei der Musikindustrie auf großes Interesse. So schickten die Plattenfirmen regelmäßig vielversprechende Nachwuchsmusiker, wie Juli oder Kraftklub, aber auch etablierte Gruppen und Stars wie Seeed oder Jan Delay ins Rennen.

Einen besonderen Platz in der Geschichte der Musikwettbewerbe nimmt die Sendung »Mini Playback Show« mit Marijke Amado ein. Die Show lief von 1990 bis 1998 bei RTL. Bei diesem Wettbewerb schlüpften Kinder in die Rolle eines ausgewählten Musikers, um mit Kostüm und Choreografie ein Lied des gewählten Stars zu einem Playback zu präsentierten. Da die Kandidaten in der Sendung noch sehr jung waren, gab es neben dem Sieger einer Sendung keine Verlierer, und jeder Teilnehmer erhielt einen (Trost-)Preis. Eine prominent besetzte Jury bewertete die teilnehmenden Kinder und lobte sie meist überschwänglich; Kritik wurde herausgeschnitten. Im Jahr 1998 übernahm Jasmin Wagner alias Blümchen die Sendung. Seit dieser Umstellung sollte nun das Publikum und nicht mehr die Jury die Gewinner wählen. Dieses neue Konzept entpuppte sich allerdings schnell als Flop, was dazu führte, dass RTL die Sendung nach nur wenigen Ausstrahlungen absetzte.

In den 2000er Jahren etablierte sich aber vor allem eine Art von Musikwettbewerb als Fernsehformat, die aus dem heutigen Fernsehprogramm nicht mehr wegzudenken ist: Musikcastingshows. Die Idee, dass Jugendliche und junge Erwachsene in einem Wettbewerb Musikstücke nachsingen, war zu diesem Zeitpunkt jedoch nicht neu. Bereits in »Die Rudi Carrell Show – Laß dich überraschen«, die von 1988 bis 1992 im öffentlich-rechtlichen Fernsehen lief, wurden Amateur-Sänger für ihre Neuinterpretationen sehr bekannter Lieder von einem Studiopublikum bewertet. Auch die »Soundmix-Show«, die RTL von 1995 bis 1997 ausstrahlte, zeigte einen Wettbewerb der Nachwuchssänger. Sie kam ursprünglich aus den Niederlanden, wo einige erfolgreiche Sänger aus dem Format hervorgingen. Allerdings wurden diese Formate noch nicht als Plattform genutzt, um neue Stars zu finden, die anschließend Plattenverträge und Konzerttourneen gewannen.

Der große Durchbruch gelang den Castingshows in Deutschland im Jahr 2000 mit dem ursprünglich neuseeländischen Format »Popstars«. Zunächst lief die Sendung bei RTL2, von 2003 bis 2012 bei ProSieben und 2015 noch einmal für eine Staffel bei RTL2. Die Zuschauer konnten bei »Popstars« erstmals den gesamten Prozess eines Castings für eine Boygroup oder Girlgroup verfolgen. Junge Sänger und Tänzer präsentierten ihre Fähigkeiten vor einer Jury, die letztlich bestimmte, welche der Kandidaten es in die zu gründende Popgruppe schafften.

Im Jahr 2002 etablierte RTL den Ableger des international sehr erfolgreichen britischen Formats »Pop Idol«, der den Namen »Deutschland sucht den Superstar« oder kurz »DSDS« trug. Schon die erste Staffel war mit Einschaltquoten von über 15 Millionen Zuschauern bei der Finalshow und einer durchschnittlichen Einschaltquote von 12,8 Millionen Zuschauern pro Sendung sehr erfolgreich. Die Finalisten auf den ersten fünf Plätzen der ersten Staffel schafften es jeweils mit einem Song in die Top 10 der deutschen Single-Charts. Sieger der ersten Staffel war Alexander Klaws, der allerdings später beim internationalen Vergleich namens »World Idol« nur den vorletzten Platz erreichte. Die vielleicht bekannteste Person der ersten Staffel war allerdings der Drittplatzierte, Daniel Küblböck. Obwohl es nur seine erste Single auf Platz Eins der Charts schaffte, ist er bis heute noch als Musiker aktiv und veröffentlich regelmäßig neue Tonträger. Im Vergleich zu »Popstars« hatte die Jury bei »DSDS« nur noch eine moderierende Funktion. Obwohl die Jury-Mitglieder die Teilnehmer zwar bewerten und zu den folgenden Runden zulassen konnten, lag die endgültige Entscheidung bei den Zuschauern, die über eine Telefonabstimmung ihren Sieger wählen konnten.

Als der Erfolg von »DSDS« langsam nachzulassen schien, produzierten die Fernsehsender ProSieben und Sat.1 im Jahr 2011 gemeinsam das ursprünglich aus den Niederlanden stammende Format »The Voice of Germany«. Obwohl die

Gewinner der bislang fünf Staffeln nur Top-20-Hits und keine Nummer-Eins-Singles hatten, gilt das Format als eines der beliebtesten und erfolgreichsten in Deutschland. Im Gegensatz zu anderen Formaten stehen bei »The Voice« zu Beginn des Wettbewerbs nur die Stimmen der Kandidaten im Vordergrund. In sogenannten Blind Auditions beurteilt die Jury die Gesangsdarbietung der Teilnehmer, ohne sie dabei sehen zu können. Neu war überdies, dass die Kandidaten auch unbekanntere Musikstücke und sogar Eigenkompositionen präsentieren konnten. In vergleichbaren Formaten präsentieren die Kandidaten dagegen fast ausschließlich bekannte Lieder. »Popstars« und »DSDS« standen häufig in der Kritik, weil die Musik und das Talent der Kandidaten nur Nebensache zu sein schienen und hauptsächlich die Persönlichkeiten der Teilnehmer dargestellt wurden. »The Voice« bekam demgegenüber deutlich positivere Kritiken. Zuschauer und Medienkritiker betrachten das Konzept, die Persönlichkeiten und Fähigkeiten der Kandidaten und auch die Juroren selbst als glaubwürdiger.

Trotz verschiedener kleinerer Variationen sind sich die Castingshow-Formate untereinander sowie innerhalb der vielen Staffeln vom Prinzip her sehr ähnlich: In den ersten Runden präsentieren sich potentielle Teilnehmer einer Jury mit einer musikalischen Darbietung; anschließend werden sie in den Wettbewerb aufgenommen oder nicht. Unter allen Castingshows wird nur bei »The Voice« eine Vorauswahl getroffen. Bei den anderen Formaten kann jeder zu einem Casting kommen. In den folgenden Runden treten die Kandidaten allein oder in unterschiedlichen Konstellationen gegeneinander an und werden anhand ihrer Auftritte von der Jury bewertet und gegebenenfalls aussortiert, bis schließlich nur noch ein Sieger oder eine Siegergruppe übrig bleibt. Gerade diese turnierartigen Verläufe der Sendungen machen den besonderen Reiz der Musikwettbewerbe aus.

Das Konzept des Wettbewerbs ist so erfolgreich, dass die

Formate mittlerweile schon Ableger produzieren, an denen ausschließlich Kinder teilnehmen dürfen. »The Voice Kids« war die erste Adaption der Macher von »The Voice of Germany«, die seit 2013 jedes Jahr in eine Staffel geht. Dabei dürfen nur Kinder im Alter zwischen 8 und 14 Jahren teilnehmen. Erscheint das Format für viele Eltern und Pädagogen bedenklich, erfreut es sich trotzdem einer großen Nachfrage und stößt auf ein positives Medienecho.

Musikcastingshows und der ESC haben mittlerweile Tradition in der deutschen Fernsehlandschaft, und die Idee Castingshows wie »Unser Star für Oslo« (2010 bei ProSieben und Das Erste) zu veranstalten, um den deutschen Teilnehmer für den ESC zu bestimmen, erscheint vor diesem Hintergrund folgerichtig.

Der Eurovision Song Contest

Der größte Musikwettbewerb im Fernsehen, bei dem europäische Nationen ausgewählte musikalische Kompositionen gegeneinander antreten lassen, hat in allen teilnehmenden Ländern einen hohen Stellenwert. Jährlich schauen mehrere Millionen Zuschauer in Europa und über die europäischen Grenzen hinaus den ESC. Zu Beginn nahmen nur sieben Nationen am Wettbewerb teil, während es mittlerweile über 40 sind. Der ursprüngliche Gedanke, nämlich einen Wettstreit für hochwertige Produktionen populärer Musik zu veranstalten, steht allerdings schon lange nicht mehr im Vordergrund.

Die Zahl der Teilnehmerländer wächst von Jahr zu Jahr, ebenso wie die Begeisterung von Komponisten und Interpreten für die Teilnahme, wenn auch der Enthusiasmus in den einzelnen Ländern unterschiedlich stark ausgeprägt ist. Die unterschiedlich ausgeprägte Relevanz des ESC für die teilnehmenden Länder, Musiker und Zuschauer kann man auf sieben Dimensionen zurückführen:

1. Mediale Dimension: Der ESC ist in erster Linie eine Fernsehsendung, die für die teilnehmenden Rundfunkanstalten hohe Einschaltquoten erzielen soll. Daneben bietet der Wettbewerb für alle Medien viele Anlässe zur Berichterstattung »drumherum«, zum Beispiel von Vorrunden, Pressekonferenzen und ESC-Partys. Die beteiligten europäischen öffentlichen Rundfunkanstalten nutzen den ESC auch als Plattform. Sie beweisen, dass sie gemeinsam eine aufwendige Fernsehveranstaltung auf die Beine stellen können, und positionieren sich damit auch gegenüber den privaten Medienanstalten. Darüber hinaus werden die Beiträge genutzt, um die jeweilige Nation entsprechend in Szene zu setzen und sie europaweit medial zu repräsentieren.

2. Musikalische Dimension: Viele Melodien bleiben den Zuschauern nach dem ESC im Gedächtnis. Aber den wenigsten ist bewusst, dass die strikten Regeln des Wettbewerbs die musikalische Gestaltung stark einschränken: Lieder dürfen zum Beispiel nicht länger als drei Minuten sein (damit die Sendung nicht zu lange dauert), und maximal sechs Musiker dürfen auf der Bühne stehen. Früher mussten die Musikstücke außerdem sowohl mit dem dafür vorgesehenen Live-Orchester aufgeführt als auch in der eigenen Landessprache gesungen werden. Die kurzen Musikstücke mit überschaubarer Besetzung waren meist hymnenartig arrangiert und wirkten wegen der Landessprache eher wie Schlager und nicht wie Pop- oder Rockmusikstücke.

3. Musikwirtschaftliche Dimension: Die Musikindustrie hat ein besonderes Interesse daran, Musiktitel in einem international renommierten Wettbewerb wie dem ESC zu präsentieren. Die Sendung wird genutzt, um den Musiktitel zu bewerben, neue Musiker vorzustellen und über die Teilnahme eine Art Gütesiegel für die Musik zu bekommen. Bisher war es allerdings so, dass die teilnehmenden Titel – mit der Ausnahme einiger Siegertitel – durch den ESC keinen gesteigerten Erfolg hatten. Dies kann unter ande-

rem an den starken Regularien liegen oder auch daran, dass viele Zuschauer die Musikstücke aus dem Wettbewerb als wenig innovative Schlagermusik wahrnehmen.

4. Politische Dimension: Diese Dimension ist zunächst weniger offensichtlich und in den teilnehmenden Ländern unterschiedlich stark ausgeprägt. Der ESC hat zwei politische Funktionen: Auf der einen Seite kann die Sendung von der Politik instrumentalisiert werden. Dies passiert beispielsweise, wenn Politiker in der Sendung auftreten und sich äußern dürfen. Auf der anderen Seite kann der ESC eine Auswirkung auf das politische System haben, beispielsweise wenn sich die Euphorie in einem Siegerland auf die Wahlbeteiligung oder den Wahlausgang ausübt. Auch die Wahrnehmung der Politik des eigenen oder eines anderen Landes kann beeinflusst werden, zum Beispiel durch den kritischen Liedtext eines Songs aus dem Wettbewerb.

5. National-kulturelle Dimension: Die teilnehmenden Nationen möchten beim ESC ihre kulturelle Identität präsentieren. Das bedeutet, dass mithilfe der Darstellung und der Komposition Merkmale der eigenen Kultur hervorgehoben werden. Dies kann verwirklicht werden, indem typische Melodien, Instrumente, Rhythmen, Tänze, Kleidung oder Bühnendekoration bei der Darbietung eingesetzt werden. Diese Dimension steht häufig in einem Konflikt mit der musikwirtschaftlichen Dimension, weil stark kulturell geprägte Lieder meistens wenig erfolgreich auf dem internationalen Musikmarkt sind. Ein Land muss also jedes Mal abwägen, ob es sich kulturell stark geprägt präsentieren oder mehr auf kulturelle Elemente verzichten und sich dem Mainstream annähern möchte.

6. National-wirtschaftliche Dimension: Das Land, dessen Vertreter den ESC gewonnen hat, ist im Jahr darauf das Gastgeberland (Abb. 8). Obwohl es mit hohem finanziellen Aufwand verbunden ist, den ESC auszurichten, betrachten die Gastgeberländer den Wettbewerb als gewinnbringende

Abb. 8   Das Logo des Eurovision Song Contests 2016.
Gastgeberland war im Jahr 2016 Schweden

Mit freundlicher Genehmigung der European
Broadcasting Union

Investition. Sie können die eigene Kultur, Landschaft und Sehenswürdigkeiten darstellen und sich so während der Ausstrahlung sowie in der Berichterstattung vor und nach dem Wettbewerb profilieren. Länder wie Irland, Lettland oder Estland konnten mithilfe des ESC zeigen, dass sie attraktive Länder und Urlaubsziele sind. Der gewinnbringende Tourismus, der durch den ESC angekurbelt wird, ist in den meisten Fällen die hohe finanzielle Investition wert.

7. Wettbewerbsdimension: Zu Beginn der Geschichte des ESC wurden nur die Lieder als solche bewertet. Mittlerweile werden eher die teilnehmenden Länder von den anderen Ländern bewertet und mit Punkten bedacht. Durch die Identifikation mit dem musikalischen Beitrag der eigenen Nation kommt ein Wettbewerbsgefühl wie bei einem internationalen Sportgroßereignis auf. Aber auch das Wett-

eifern mit befreundeten Nationen oder Nationen, die als unbeliebte Konkurrenten betrachtet werden, trägt zu einem Wettbewerbsdenken bei. Die Vergleichs- und Identifikationsprozesse sind für viele Zuschauer entscheidend. Auch dadurch ist der ESC für die Fans der Sendung ein wichtiges jährliches Ereignis.

Musikcastingshows

Seit Ende der 1990er Jahre kämpft die Musikindustrie mit massiven Umsatzeinbußen. Erst seit 2012 kann sie wieder (minimale) Zuwächse verzeichnen. Die finanziellen Einbrüche haben unter anderem bewirkt, dass die Investitionen in den Aufbau neuer Musiker und Bands merklich gekürzt wurden. Um trotzdem gewinnbringende Musikprodukte zu veröffentlichen, hat die Musikindustrie alternative Wege der Künstlerakquise und -promotion eingeschlagen. Sie unterstützt die Castingshows, die sich bezeichnenderweise mit Beginn der Krise der Musikindustrie auf dem deutschen Fernsehmarkt etablierten. Die Gewinner der Shows werden zumindest für die erste Single und das erste Album von einer Plattenfirma unter Vertrag genommen. Werbung für Künstler, Single und Album wird durch die hohe TV-Präsenz im Verlauf der Show bewerkstelligt, ohne dass Investitionen des Musikkonzerns nötig wären. Die aufwändige Suche nach neuen Talenten, die sonst sogenannten Artists & Repertoire-Managern der Plattenfirmen obliegt, übernimmt die Castingshow. Das Investitionsrisiko, das eine Plattenfirma üblicherweise bei der Aufnahme eines neuen Musikers hat, wird minimiert, da über die Castingshow bereits abgesichert ist, dass das Musikprodukt am Ende ein Erfolg wird.

Bedeutung von Musikcastingshows für die Musikindustrie

Castingshows sind nach wie vor sowohl für die Fernsehsender als auch für die Musikindustrie sehr profitabel. Auch wenn in den letzten Jahren die Einschaltquoten etwas zurückgegangen sind und der Markt an Stars aus Castingshows gesättigt scheint, erzielen die Sender mit diesen Sendungen nach wie vor beeindruckende Einschaltquoten von vier bis sechs Millionen Zuschauern während der Primetime-Ausstrahlung. Die beiden Formate »DSDS« und »The Voice« gewinnen außerdem regelmäßig Fernsehpreise in der Kategorie »Beste Unterhaltungssendung«. Auf der anderen Seite profitiert die Musikindustrie von den hohen Verkaufszahlen der Debütprodukte von Teilnehmern und Siegern der Castingshows.

Musikverlag und Plattenfirmen bieten die Castingshows, neben der offensichtlichen Werbung für den Gewinner der Sendung und seinen Musiktitel, noch fünf weitere Möglichkeiten, um Musiker und Musikprodukte zu bewerben:

1. Gastauftritte: In den Live-Shows von beispielsweise »The Voice« wurden neben den Kandidaten auch etablierte Stars präsentiert. Diese Musiker beginnen meistens zu dieser Zeit eine Tour oder veröffentlichen einen neuen Tonträger und sind beim Label Universal Music unter Vertrag, das mit »The Voice« zusammenarbeitet. Die Stars präsentierten neue Songs live in der Sendung und sind bei der Interaktion mit einem der Kandidaten zu sehen. Mit diesen Gastauftritten können vor allem Musikprodukte oder Konzerttourneen beworben werden, die nicht direkt etwas mit der Castingshow zu tun hatten.

2. Abstimmung per Download: Fans und Zuschauer können für ihren Favoriten nicht nur per Anruf abstimmen, sondern auch per Download. Zwar bringen Downloads nicht

viel mehr Einnahmen als Anrufe, aber sie fördern einen hohen Charteinstieg für den Gewinnersong.

3. Kompilationen: Zu den Live-Shows gibt es Sammlungen der von den Kandidaten vorgetragenen Songs, sogenannte Kompilationen, in Form von CDs, MP3-Downloads oder als Streaming-Playlists (Abb. 9). Dass ein Sänger in einer Sendung einen etablierten Hit covert und diese Version Teil einer Kompilation wird, ist eine wertvolle Chance für die Musikunternehmen: Durch Kompilationen lassen sich nicht nur die Kandidaten bewerben und Synergien der Sendung nutzen, sondern bereits bestehende Musiktitel können erneut veröffentlicht beziehungsweise Aufmerksamkeit für die originalen Lieder erzeugt werden.

4. Die Songauswahl: Bei Musikcastingshows wird nicht nur auf etabliertes und beliebtes Material zurückgegriffen, das

Abb. 9   Kompilation der Singles aus den Live-Shows der 5. Staffel »The Voice of Germany«

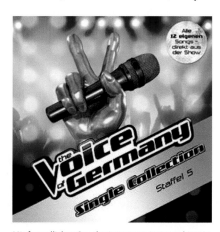

Mit freundlicher Genehmigung von Universal Music GmbH

dem Publikum gefallen soll, sondern auch gezielt auf aktuelle Songs oder ältere Songs von Musikern mit aktuellen Veröffentlichungen. Die Kandidaten von » The Voice« beispielsweise können meist nur zwischen Songs wählen, die über das Label Universal Music oder beim Verlag Universal Publishing erschienen sind. Das erzeugt Einnahmen über unternehmenseigene Produktionen für Universal sowie Aufmerksamkeit für die jeweiligen Musiker.

5. Die Darstellung der Jury: Letztlich werden bei den verschiedenen Formaten auch die Mitglieder der Jury beworben. Jurymitglieder sind ein wichtiger Teil der Sendung, und viele Zuschauer verlassen sich auf ihr Urteil oder nutzen es zumindest als Ausgangspunkt für ihre eigenen Bewertungen. Während der großen Medienpräsenz, die die Mitglieder der Jury während der Ausstrahlung der Formate haben, veröffentlichen sie häufig eigene Produkte, um die aktuelle mediale Aufmerksamkeit auszunutzen.

Bedeutung von Musikcastingshows für die Zuschauer

Von allen Personen, die Musikcastingshows anschauen, sind Frauen im Alter zwischen 14 und 29 Jahren die größte Zuschauergruppe, gefolgt von Frauen zwischen 30 und 49 und Männern zwischen 14 und 29 Jahren. Bei »DSDS« werden vor allem Songs aus den aktuellen Charts gespielt (bis zu 90 Prozent). Die Musikauswahl und die durch die Altersbegrenzung für »DSDS«-Teilnehmer zwischen 16 und 40 Jahren eher jüngeren Kandidaten sprechen eine jüngere Zielgruppe an. »The Voice« dagegen präsentiert häufiger unbekannte Musik und ältere Kandidaten. Die Altersbegrenzung ist bei »The Voice« ab 18 Jahren nach oben offen (mit Einverständniserklärung der Eltern auch ab 16 Jahren). Der Schwerpunkt dieses Formats liegt auf den musikalischen Fertigkeiten der Teilnehmer, was sich daran zeigt, dass die Kandidaten zusammen mit einer Live-Band auftreten, mehrstimmig singen oder sogar selbst Instrumente spielen. Dieser Schwerpunkt spricht eine etwas ältere, musikalischere und gebildetere Zielgruppe an.

Castingshows und besonders die Adaptionen für Kinder wie »Dein Song« und »The Voice Kids« spielen im Alltag von Kindern und Jugendlichen eine große Rolle. Junge Zuschauer wachsen heutzutage mit Castingshows auf und werden bis zu einem gewissen Punkt durch diese Sendungen sozialisiert. Kinder und Jugendliche im Alter von neun bis neunzehn Jahren nutzen Castingshows in erster Linie zum Vergnügen, um die Karrieren ihrer Lieblingskandidaten zu verfolgen und um später mit anderen Jugendlichen darüber diskutieren zu können. Befragungen von jugendlichen Zuschauern haben gezeigt, dass fast alle »DSDS« kennen – einige sogar, obwohl sie keine einzige der Shows gesehen haben. Das zeigt, dass Castingshows und ihre Kandidaten sogar bei solchen Zuschauern zum Thema werden, die die Sendungen nicht einmal aktiv verfolgen und nur über Berichte in den Medien davon erfahren. Außerdem zeigen wissenschaftliche Untersuchungen, dass Castingshows häufig gemeinsam im Kreis der Familie angeschaut und diskutiert werden. Dabei können die Kinder in die Rolle des Experten schlüpfen, was für viele eine sehr positive Erfahrung ist, die ihnen normalerweise beim gemeinsamen Fernsehen mit den Eltern verwehrt bleibt.

Darüber hinaus fördert besonders die Altersnähe der jungen Zuschauer zu den teilnehmenden Personen der Sendungen das Gefühl, auf Augenhöhe mit Gleichaltrigen und Gleichgesinnten zu sein, und führt dazu, dass sich Jugendliche mit den Kandidaten identifizieren. Viele Jugendliche träumen davon, selbst Superstar bzw. Musiker zu werden. Sie vergleichen ihre Situation mit der Situation der teilnehmenden Jugendlichen und leiten vermeintliches Orientierungswissen über Erfolg im Leben aus den Verläufen der Castingshows ab.

» The Winner Takes It All «?

Der vielleicht erfolgreichste Teilnehmer einer deutschen Musikcastingshow kommt nicht etwa aus den Reihen von »DSDS« oder »Popstars« sondern von »Star Search« (lief von 2003 bis 2004 auf Sat.1). Er heißt Bill Kaulitz und ist der Sänger der international erfolgreichen Band Tokio Hotel. Ansonsten sind langjährige erfolgreiche Karrieren von Castingshow-Gewinnern eine Seltenheit. Einzig die Girlgroup No Angels und Mark Medlock waren auch noch Jahre nach ihrer Teilnahme als Musiker erfolgreich. Die verschiedenen Formate brachten überwiegend nur sehr kurze Erfolgsgeschichten hervor. Schaut man sich die Karrieren von Castingshow-Gewinnern in den USA an, stellt man fest, dass diese viel häufiger nachhaltig erfolgreich verlaufen. Dort werden Castingshows aber auch als *talent shows* bezeichnet, was den Fokus der Sendungen von Anfang an auf den zentralen Aspekt lenkt, Talente und nicht Casting-Musiker zu entdecken. Deshalb sind die Fans weniger voreingenommen gegenüber den Siegern, wodurch der Erfolg der Sieger solcher Shows in den USA länger anhält. Stars wie Britney Spears, Justin Timberlake oder Kelly Clarkson sind aus entsprechenden Formaten hervorgegangen, ohne dass die Fans sie als Castingshowgewinner wahrnehmen. Dagegen werden Personen wie Lena Meyer-Landrut, Mark Medlock oder Ivy Quainoo in Deutschland weiterhin mit den jeweiligen Castingshows, aus denen sie hervorgegangen sind, in Verbindung gebracht. Im Folgenden geben wir zur Verdeutlichung einen Überblick über die Gewinner der wichtigsten deutschen Castingshows.

»Popstars«

Aus diesem Format ging die bisher erfolgreichste deutsche
Castingshow-Band hervor: No Angels. Ihre erste Single »Day-
light in Your Eyes« und das Album *Elle'ments* landeten auf
Platz Eins der deutschen, österreichischen und schweizerischen Charts. Bis zur vorübergehenden Trennung der No
Angels im Dezember 2003 verkauften sie weltweit über fünf
Millionen Tonträger und schafften es mit drei weiteren Singles an die Spitze der Charts in Deutschland. Einige erfolgreiche Girlgroups, Boybands und auch gemischte Gruppen
gingen aus den nachfolgenden Staffeln hervor: In der zweiten Staffel gewann die gemischte Band Bro'Sis, während in
der dritten Staffel sogar zwei Bands gewannen: Die Girlgroup
Preluders und die Jungs von Overground. Diese drei Bands
hatten zunächst eine Single auf Platz Eins, aber darüber hinaus auch noch weitere Erfolge. Von der folgenden Staffel an
gingen die Erfolge der Gewinner etwas zurück. Die Sieger
der vierten Staffel, Nu Pagadi, erzielten zwar einen Nummer-
Eins-Hit und schafften es auch mit ihrem Album in Deutschland auf Platz Eins, doch bereits mit der zweiten Single schafften sie es nicht einmal mehr in die Top 20 der Single-Charts.
Monrose, die Damengruppe aus der fünften Staffel, war wiederum noch mal etwas erfolgreicher. Ihre Single »Shame«
und das Album *Temptation* erreichten Platz Eins der deutschen, österreichischen und schweizerischen Charts.

Mit der sechsten Staffel richtete sich die Aufmerksamkeit
auf Gruppen, die sowohl aus Sängern als auch aus Tänzern
bestanden. Damit sollte die Stellung des beliebten Juroren
Detlef D! Soost gestärkt werden. Room2012, die Gewinner
dieser Staffel, schafften es mit keiner Single auf Platz Eins.
Auch die Girlgroup Queensberry (Staffel 7), das Duo Some
and Any (Staffel 8), die Girlgroup LaVive (Staffel 9) oder die
gemischte Gewinnerband namens Melouria aus der letzten
Staffel im Jahr 2012 brachten keinen Song an die Spitze der

Charts. Heute existiert keine dieser Gewinnerbands mehr. Die Siegergruppe der vorübergehend letzten Staffel, Melouria, löste sich schon ein Jahr nach der letzten ausgestrahlten Folge von »Popstars« wieder auf. Als 2015 eine weitere Staffel ausgestrahlt wurde, entstand das Mädchen-Quartett Leandah, das es mit seiner Single nicht in die deutschen Charts schaffte und sich bereits nach vier Monaten des Bestehens wieder auflöste.

»Deutschland sucht den Superstar«

Dank »DSDS« verzeichnete RTL 2003 nach langer Zeit wieder schwarze Zahlen. Von Anfang an war offensichtlich, dass der Fernsehsender RTL und das Major Label Sony BMG, die beide zur Bertelsmann-Gruppe gehören, zusammenarbeiteten. Im Zentrum von »DSDS« steht seit jeher das Jurymitglied Dieter Bohlen (Abb. 10), der einer der erfolgreichsten Musikproduzenten von BMG (Bertelsmann Music Group) ist. Alle Gewinner sowie All-Star-Projekte wurden von Dieter Bohlen produziert und standen bei Sony BMG bzw. später bei Sony Music Entertainment unter Vertrag. Seit 2011 stehen die Gewinner allerdings bei Universal Music unter Vertrag, wobei Dieter Bohlen nach wie vor den größten Teil der Songs für die Sieger komponiert und produziert.

Die Erfolgsgeschichte von »DSDS« ist beeindruckend. Die Gewinner der zwölf Staffeln, mit Ausnahme der Siegerin der zweiten Staffel, Elli Erl, und dem Sieger der zwölften Staffel, Severino Seeger, hatten Nummer-Eins-Hits und wenigstens ein Album in den Top 20. Elli Erl schaffte es 2004 aber immerhin auf den dritten Platz der Single-Charts. Die von 2003 bis 2016 anhaltende Erfolgsgeschichte, zumindest in Hinsicht auf die jeweils erste Veröffentlichung, lässt sich in Tabelle 2 nachvollziehen.

Abb. 10   »DSDS«-Werbung mit festem Jurymitglied Dieter Bohlen

Mit freundlicher Genehmigung der RTL Mediengruppe Deutschland

Tab. 2   Sieger und Chartplatzierungen »DSDS«

Staffel	Gewinner	Single	Chartpositionen		
			Deutschland	Österreich	Schweiz
1.	Alexander Klaws	Take Me Tonight	1	2	1
		Free Like the Wind	1	2	2
		Behind the Sun	2	15	18
2.	Elli Erl	This Is My Life	3	6	11
3.	Tobias Regner	I Still Burn	1	1	1
4.	Mark Medlock	Now Or Never	1	1	1
		You Can Get It	1	3	3
		Unbelievable	4	19	27
5.	Thomas Godoj	Love Is You	1	1	1
		Helden Gesucht	12	39	98
		Nicht allein	18	55	–
6.	Daniel Schuhmacher	Anything but Love	1	1	1
		Honestly	22	62	–
7.	Mehrzad Marashi	Don't Believe	1	1	1
		Sweat (A La La La La Long)	2	7	16
8.	Pietro Lombardi	Call My Name	1	1	1
9.	Luca Hänni	Don't Think About Me	1	1	1
10.	Beatrice Egli	Mein Herz	1	1	1
11.	Aneta Sablik	The One	1	1	1
12.	Severino Seeger	Hero Of My Heart	10	12	19
13.	Prince Damien	Glücksmoment	1	2	7

»The Voice of Germany«

ProSieben und Sat.1 produzierten gemeinsam im Jahr 2011 zum ersten Mal das Format »The Voice of Germany«. Obwohl die Gewinner der fünf bisherigen Staffeln keine Nummer-Eins-Singles hatten, ist das Format eines der beliebtesten und erfolgreichsten in Deutschland. Die Songs der Sieger waren immer zumindest unter den Top 20 der Charts, was für eine Veröffentlichung in der Vorweihnachtszeit (die erste Single der Gewinner von Staffel 2 bis 5) durchaus beachtlich ist. Vor Weihnachten kaufen viele Leute Tonträger, weshalb die Musikindustrie entsprechend viele Veröffentlichungen in dieser Zeit anstrebt. Um einen Top-10-Hit in dieser Zeit zu landen, muss man also wesentlich mehr Einheiten verkaufen als beispielsweise im Sommer. Die Chartplatzierungen von der ersten Staffel im Jahr 2011 bis zur fünften im Jahr 2015 finden sich in Tabelle 3 und zeigen, dass die Sieger bisher ein zumindest ähnlich hohes Niveau erreicht haben, das erst seit der fünften Staffel abzunehmen scheint.

Zusammenfassend kann man sagen, dass die Sieger von Musikwettbewerben im Fernsehen nur einen sehr kurzfristigen Erfolg als Musiker haben. Das gilt auch für die beiden deutschen Sieger des Eurovision Song Contest: Nicole mit »Ein bisschen Frieden« (1982) und Lena mit »Satellite« (2010) hatten nach ihren Siegen nur noch überschaubare Erfolge. Lena trat beispielsweise im Folgejahr ihres Sieges erneut beim ESC an und belegte nur den zehnten Platz, wobei es ihr Song »Taken by a Stranger« immerhin auf Platz 2 der deutschen Single-Charts schaffte. Der verhältnismäßige kurze, aber intensive Erfolg der Gewinner liegt darin begründet, dass die Kandidaten über die Inszenierung des Wettbewerbs nur eine kurzfristige emotionale Bindung zu den Zuschauern aufbauen können. Anschließend liefern die Musiker nichts musikalisch Eigenständiges oder Innovatives mehr und sind schnell nicht

Tab. 3   Sieger und Chartplatzierungen »The Voice«

Staffel	Gewinner	Single	Chartpositionen		
			Deutschland	Österreich	Schweiz
1.	Ivy Quainoo	Do You Like What You See	2	8	12
		You Got Me	31	61	61
		Who You Are	49	–	–
2.	Nick Howard	Unbreakable	5	19	26
		Skinny Love	91	–	–
3.	Andreas Kümmert	Simple Man	2	10	8
		If You Don't Know Me By Now	44	58	59
4.	Charley Ann Schmutzler	Blue Heart	3	33	12
5.	Jamie-Lee Kriewitz	Ghost	11	65	26

mehr relevant für die jugendlichen Zuschauer, die bereits die nächste Staffel eines weiteren Musikwettbewerbs verfolgen.

7. Outro: »The Show Most Go On!« – Eine Medienwelt voller Musik

Im Intro haben wir versprochen, nicht in die Glaskugel schauen zu wollen, um eine ominöse Zukunft vorherzusagen. Diesem Grundsatz wollen wir auch im Outro weitgehend treu bleiben. Denn wer hätte Anfang der 90er die Entwicklung der letzten 25 Jahre sicher voraussagen können? Im letzten Kapitel blicken wir zurück und auch nach vorne.

Sicher: Viele Experten meinen zumindest im Rückblick, es ja schon immer gewusst zu haben. Aber viele dieser Experten haben zur Jahrtausendwende auch bereits den Tod von Zeitung und Radio in den nächsten zehn Jahren kommen sehen. Nichts davon ist eingetreten. Zwar hat die Zeitung ordentlich an Boden verloren, aber immer noch liest ungefähr die Hälfte der Deutschen täglich eine Tageszeitung. Auch das Radio hat zumindest bei Jugendlichen und jungen Erwachsenen an Bedeutung verloren, dennoch hören 80 Prozent der Deutschen nach wie vor täglich Radio. Selbst die Radionutzungsdauer hat sich mit durchschnittlich drei Stunden pro Tag in den letzten Jahren nicht nennenswert verändert. Ganz so schnell ändern sich liebgewonnene Gewohnheiten eben doch nicht – oder mit anderen Worten: Der Mensch ist ein Gewohnheitstier. Und ob er dafür geschaffen ist, die rasante technische

Entwicklung der Medienwelt stets in gleichem Tempo mitzu-
gehen, muss sich erst noch zeigen. Insoweit maßen wir uns
nicht an, die Entwicklung der nächsten 25 Jahre vorherzusagen. Ein wenig begründet spekulieren wollen wir trotzdem.
Dabei wollen wir nicht so sehr danach fragen, was noch alles
kommen könnte, sondern eher überlegen, was von dem, was
wir kennen, wohl bleiben wird.

Vergegenwärtigen wir uns nochmals die Entwicklung, die
wir in diesem Buch nachgezeichnet haben: Selbstverständlich
ist das Angebot von Musik in den Medien nicht mehr ansatz-
weise mit dem vor hundert oder auch fünfzig Jahren zu vergleichen. Es hat sich von Jahrzehnt zu Jahrzehnt vervielfältigt
und an immer speziellere Zielgruppen und Bedürfnisse angepasst. Schon heute haben wir einen weltweiten Marktplatz
der Musik, auf dem dank Smartphones und Streaming-Diens-
ten jeder zu jedem Zeitpunkt und an jedem Ort genau das
findet, wonach ihm gerade ist. Mehr Flexibilität und Indivi-
dualität ist kaum vorstellbar. Dass sich die Menschen in Zukunft mit weniger zufriedengeben, ist ebenso wenig vorstellbar. Insofern dürfte die mobile Streaming-Welt nicht mehr
rückgängig zu machen sein. Ganz im Gegenteil: Es spricht
alles dafür, dass sie nicht nur erhalten bleibt, sondern mas-
siv an Bedeutung gewinnen wird, insbesondere in den Teilen
der Welt, die zurzeit von der technischen Entwicklung noch
abgehängt sind. Und wenn, wie es die Entwicklung der letzten Jahre zeigt, nicht nur diejenige Musik, die man früher auf
Tonträgern erworben hat, sondern auch zunehmend Radiomusikprogramme, Musikfernsehsendungen, Filme und Mu-
sikvideoclips ins Streaming abwandern und dort nachgefragt
werden, dann wird auch deutlich: Die nachwachsenden Ge-
nerationen wollen sich ihren Alltag nicht mehr von fixen Sendezeiten der Radio- und Fernsehanbieter strukturieren lassen
und werden nicht mehr darauf verzichten, jegliche Medienangebote – auch die klassischen Rundfunkangebote – jederzeit
und überall verfügbar zu haben.

Bereits im Intro sind wir kurz auf die Kehrseite der Streaming-Medaille eingegangen. Wenn eine expandierende Streaming-Welt unausweichlich erscheint und dort jegliche Medieninhalte verfügbar sein sollen, dann muss über diese Welt auch zunehmend das Geld verdient werden, damit Medienangebote finanzierbar bleiben. Zurzeit ist für viele Medienanbieter die Online- und Streaming-Welt ein Verlustgeschäft. Die dort erzielten Gewinne reichen noch nicht aus, um die Kosten zu decken. Das große Geld wird immer noch mit den klassischen Medien verdient, und mit diesem Geld werden große Teile der Online-Welt subventioniert. Grund dafür ist auch die Einstellung vieler Menschen, die (noch) nicht bereit sind, für Online-Medienangebote zu zahlen. Jedoch lassen sich erste Anzeichen eines Gesinnungswandels erkennen, denn immerhin bezahlen ja bereits Millionen von Menschen ihre monatliche 10-Euro-Gebühr für Streaming-Dienste wie Spotify. Vor allem diese Einnahmen haben dafür gesorgt, dass die deutsche Musikindustrie in den letzten zwei bis drei Jahren wieder kleine Umsatzzugewinne erzielen konnte. Wie viel Luft jedoch noch nach oben ist, verdeutlichen folgende Zahlen: Zwei von drei Bundesbürgern geben zurzeit überhaupt kein Geld mehr für Musik aus. Und der Dritte, der noch Musik kauft, sei es auf Tonträgern oder als Download, gibt dafür laut Bundesverband Musikindustrie durchschnittlich gerade einmal 60 Euro im Jahr aus. Wenn diese Person einen Streaming-Dienst in der Premiumvariante abonniert hätte, gäbe sie allein dafür jährlich 120 Euro aus. Das käme nicht nur der Wirtschaftlichkeit der Streaming-Dienste zugute, sondern würde auch an die Plattenfirmen und damit auch zu den Musikern zurückfließen. Je mehr Personen für den grenzenlosen Musikbezug bezahlen, desto mehr landet auch bei denen, die diese Musik komponiert, getextet und produziert haben.

Die Frage, in welcher Form und über welche Kanäle uns Musik in den nächsten Jahrzehnten begegnen wird, lässt sich also nicht nur über die Entwicklung der technischen Möglichkeiten beantworten. Ebenso wichtig wird sein, dass es sich für alle, die in der Wertschöpfungskette hängen, auch finanziell trägt. Wenn es sich speziell für die Musiker immer weniger lohnt, so könnten das musikalische Angebot und die musikalische Vielfalt darunter leiden. Vor diesem Hintergrund läge gar der Kurzschluss nahe, dass sich das Musikangebot in ein paar Jahren reduzieren könnte. Das wird nicht passieren! Denn erstens wird uns der Schatz von Musikangeboten, den wir jetzt bereits haben, stets erhalten bleiben – zumal keiner mehr die Schatztruhe wird schließen können. Und zweitens gab es schon immer genügend Musiker, deren Hauptinteresse – zumindest zu Beginn ihrer Tätigkeit – nicht das Geldverdienen ist, sondern die Möglichkeit, sich auszudrücken und wahrgenommen zu werden.

Was also in jedem Fall bleiben wird – und für diese Prognose braucht es keine Zeitreise unsererseits in die Zukunft –, ist der künstlerische und kreative Antrieb des Menschen. Musikmachen und Musikhören liegt in der Natur des Menschen. Es ist so alt wie die Menschheit selbst – das beweist die Analyse von tausenden Jahren Kulturgeschichte. Daher: »The Show Must Go On«!

Was mit sehr großer Wahrscheinlichkeit auch bleiben wird – und da reicht uns die Analyse der letzten hundert Jahre –, sind die medialen Angebotsformen und Funktionen von Musik. Denn alles, was sich mit dem Aufkommen von Musiktonträgern, Radio, Fernsehen und den Videoclips an Angebotsformen und -varianten entwickelt hat, ist auch heute noch vorhanden und verändert sich allenfalls in Nuancen. Die Inhalte bleiben also, ebenso die Bedürfnisse der Menschen nach diesen Inhalten. Einzig die technische Speicherung und die Übermittlung der Inhalte verändern sich. Vor allem auf diese Entwicklung dürfen wir gespannt sein.

Zum Weiterlesen

Bullerjahn, Claudia (2001). Grundlagen der Wirkung von Filmmusik. Augsburg: Wißner.
Ein umfassender musikwissenschaftlicher Einblick in die Wirkungsmechanismen von Filmmusik. Insbesondere Kapitel 4 (zu den Funktionen von Filmmusik) und Kapitel 5 (zu den Filmmusiktechniken) sind als Überblick sehr zu empfehlen.

Goldhammer, Klaus (1995). Formatradio in Deutschland: Konzepte, Techniken und Hintergründe der Programmgestaltung von Hörfunkstationen. Berlin: Spiess.
Ein »Klassiker« der deutschen Radioliteratur. Obwohl mittlerweile 20 Jahre alt, sind die Konzepte, Techniken und Hintergründe immer noch aktuell. Auch die Geschichte des Formatradios ist hier sehr schön nachzulesen.

Helms, Dietrich/Phleps, Thomas (Hrsg.) (2005). Keiner wird gewinnen: Populäre Musik im Wettbewerb. Bielefeld: Transcript.
Sammelband mit zehn Beiträgen von Popmusikforschern zu ganz verschiedenen Formen und Facetten von Musikwettbewerben, u. a. mit den ersten Analysen von »Deutschland sucht den Superstar«.

Moormann, Peter (2009). Klassiker der Filmmusik. Stuttgart: Reclam.
Handliches Reclam-Büchlein, das auf 300 Seiten knapp 100 der interessantesten und besten Filmmusiken beschreibt und erklärt. Von *Der blaue Engel* mit Marlene Dietrich über *Vom Winde verweht, Psycho, Der weiße Hai* bis hin zu *Rocky, Star Wars, Pulp Fiction* und *Der Herr der Ringe.*

Moormann, Peter (Hrsg.) (2010). Musik im Fernsehen. Sendeformen und Gestaltungsprinzipien. Wiesbaden: VS Verlag für Sozialwissenschaften.
Sammelband mit zehn Beiträgen zur Gestaltung von Musik im Fernsehen: Vom Eurovision Song Contest, Musikcastingshows, Musik in der Werbung, Volks- und Schlagermusiksendungen bis hin zu Musikdokumentationen und Musik in fiktionalen Fernsehformaten und Politikmagazinen.

Neumann-Braun, Klaus (Hrsg.) (1999). Viva MTV! Popmusik im Fernsehen. Frankfurt am Main: Suhrkamp.
Handlicher Sammelband zur Geschichte, Ästhetik und Ökonomie von Musikfernsehsendern (MTV, VIVA), mit ausführlichen Analysen von Videoclips von Madonna, Michael Jackson, Prince, Will Smith, Robert Miles oder auch The Prodigy.

Neumann-Braun, Klaus/Mikos, Lothar (2006). Videoclips und Musikfernsehen. Eine problemorientierte Kommentierung der aktuellen Forschungsliteratur. Berlin: Vistas.
Wer etwas mehr über die Forschungsbefunde zur Produktion, Ästhetik, Nutzung und Wirkung von Videoclips wissen will, findet hier den internationalen Kenntnisstand bilanziert. Obwohl die Forschung der letzten zehn Jahre hier nicht aufgearbeitet sein kann, stellt der Band immer noch den besten deutschsprachigen Überblick dar.

Schramm, Holger (Hrsg.) (2008). Musik im Radio: Rahmen-bedingungen, Konzeption, Gestaltung. Wiesbaden: VS Verlag für Sozialwissenschaften.
Im zweiten Teil des Buches werden die Praxis der Musikprogrammgestaltung und die wichtigsten Radiomusikformate (AC, CHR, Schlager, AOR, Klassik) von namhaften Radiopraktikern erklärt und mit vielen Beispielen anschaulich erläutert.

Schramm, Holger (Hrsg.) (2009). Handbuch Musik und Medien. Konstanz: UVK.
Dieses Handbuch bietet für alle Musikmedienbereiche umfassende und vertiefende Überblicksbeiträge. Besonders zu empfehlen sind die Kapitel zu Musiktonträgern, Musikfernsehsendern und Musikformaten im Fernsehen. Auch wer sich über Musikzeitschriften, Plattencover oder Musikjournalismus in der Zeitung informieren will, findet sehr gute Überblicke.

Strötgen, Stefan (2014). Markenmusik. Würzburg: Königshausen & Neumann.
Ein umfassendes Buch zum Thema »Musik in der Werbung« und »Audio-Branding«, das für alle geeignet ist, die tiefer in die Anwendungen und Wirkungen von Musik im Werbekontext einsteigen wollen und sich auch für die wissenschaftlichen Hintergründe interessieren.

Wolther, Irving (2006). »Kampf der Kulturen«: Der Eurovision Song Contest als Mittel national-kultureller Repräsentation. Würzburg: Königshausen & Neumann.
Wer die sieben Bedeutungsdimensionen des ESC, die wir in Kapitel 6.2. nur skizzieren konnten, ausführlicher analysiert haben möchte, dem sei das Referenzwerk des ESC-Kenners Irving Wolther empfohlen.

Onlinequellen zu aktuellen Zahlen und Fakten:

»Musikindustrie in Zahlen« – der Jahresbericht des Bundesverbandes Musikindustrie zu Umsatz-, Absatz- und Repertoire-Entwicklungen:
www.musikindustrie.de/branchendaten/

»Webradiomonitor« – die im Auftrag der Bayerischen Landeszentrale für Neue Medien und des Bundesverbands Digitale Wirtschaft (BVDW) durchgeführte jährliche Marktanalyse zum Thema Internetradio und Online-Audio-Angebote in Deutschland:
www.webradiomonitor.de

»Media Perspektiven Basisdaten. Daten zur Mediensituation in Deutschland« – die von der ARD-Werbung SALES&SERVICES GmbH jährlich herausgegebenen Basisdaten fassen regelmäßige Erhebungen im deutschen Mediensektor zusammen. Schwerpunkte sind die Beteiligungen und Verflechtungen großer Medienkonzerne sowie die Nutzung der tagesaktuellen Medien Fernsehen, Radio, Presse und Internet:
www.ard-werbung.de/media-perspektiven/publikationen/basisdaten/

Glossar

Airplay: Bedeutet das Abspielen eines Tonträgers im Radio. Manchmal ist auch das Abspielen eines Musikvideos im Fernsehen gemeint. Der Begriff setzt sich zusammen aus den englischen Wendungen »on air« (»auf Sendung«) und »to play« (abspielen). Für die Musikindustrie ist Airplay sehr wichtig, weil sie damit auf ihre Produkte (Tonträger) aufmerksam machen kann. Wie viel Airplay ein Song hat, kann ein Hinweis drauf sein, wie populär er ist. Airplay geht deshalb als Faktor in manche Charts ein und es gibt auch reine Airplay-Charts.

Artist & Repertoire-Manager: »Artists and repertoire« (kurz A&R, für »Künstler und Repertoire«) ist die Abteilung bei einem Musiklabel oder einem Musikverlag, die Talentsuche und Künstlerentwicklung betreibt. A&R-Manager entscheiden, ob ein Label einen Künstler unter Vertrag nimmt. Meist sind sie auch für die Betreuung der Künstler zuständig.

Auditorium-Test: Eines der beiden gängigen Verfahren in der Marktforschung von Radiosendern (neben Call-Outs). A. sind zeitlich aufwändiger und kostenintensiver als Call-Outs und finden daher weniger häufig statt. Für einen A. werden 150 bis

300 Personen in einen großen Saal eingeladen, wo sie sich mehrere Hundert Hooks anhören und bewerten. Das Verfahren eignet sich zum Testen großer Teile der Playlist, also auch derjenigen Titel, die nicht in der höchsten Rotationsstufe sind.

Autonome Musik: Siehe Funktionale Musik.

Bundesverband Musikindustrie (BVMI): Die Interessenvertretung der deutschen Musikindustrie, vor allem in wirtschaftlichen und rechtlichen Fragen. Er vertritt ca. 280 Tonträgerhersteller und Musikunternehmen, und beansprucht damit, etwa 85 Prozent des deutschen Musikmarkts zu repräsentieren. Er verleiht den Musikpreis ECHO, vergibt Auszeichnungen wie goldene oder Platin-Schallplatten und veröffentlicht jede Woche die offiziellen Charts.

Call-Out: Eines der beiden gängigen Verfahren in der Marktforschung von Radiosendern (neben Auditorium-Tests). Call-Outs sind schnell und günstig durchzuführen, und die Ergebnisse sind häufig die zentrale Grundlage für die Musikprogrammplanung. Bei einem C. werden ca. 50 Hooks 100 bis 200 zufällig ausgewählten Personen über Telefon vorgespielt. Die angerufenen Personen müssen jeden Titel nach mehreren Kriterien beurteilen. Bei C. werden insbesondere solche Titel getestet, die sehr häufig im Radio gespielt werden (hohe Rotationsstufe).

CD: Die Compact Disc ist ein Medium, das auf der Basis des in den 1960er Jahren entwickelten digitalen Aufzeichnungsverfahrens Anfang der 1980er Jahre von den Elektronikkonzernen Philips und Sony auf den Markt gebracht wurde. Beim Abspielen tastet ein Laser die digitalen Informationen optisch von der Scheibe ab. Eine Standard-CD fasst ca. 650 MB Daten oder gut 70 Minuten Musik.

Charts (deutsch auch »Hitparade«): Rangliste der erfolgreichsten Songs eines Zeitraums (z. B. Woche oder Jahr). Charts können nach verschiedenen Kriterien erhoben werden, z. B. Verkaufszahlen oder Airplay.

Duales Rundfunksystem: Nach diesem System ist in Deutschland der Rundfunk organisiert. Dual bedeutet, dass es zwei Modelle gibt, die nebeneinander existieren: auf der einen Seite den öffentlich-rechtlichen Rundfunk (z. B. alle Radio- und TV-Sender der ARD), der finanziell von allen getragen wird, die den Rundfunkbeitrag bezahlen, und auf der anderen Seite den privaten Rundfunk (Sender wie RTL, Pro Sieben, Antenne Bayern, ffn u. v. m.), der sich vor allem durch Werbung finanziert.

Formatradio: Das »Format« eines Radiosenders bestimmt die Ausrichtung und damit die wichtigsten Bestandteile des Programms wie z. B. Musik und Moderation. Formatradio heißt ein Radioprogramm, das relativ streng und meist rund um die Uhr einem bestimmten Format folgt. Es soll anhand der leicht konsumierbaren Musikauswahl und des Präsentationsstils leicht wiedererkennbar sein. Die Formatgestaltung richtet sich nach den Erwartungen und Bedürfnissen der Zielgruppe, um möglichst viele Hörer an das Programm zu binden. Die Bandbreite an Radioformaten ist groß.

Funktionale Musik: Musik, die nicht um ihrer selbst willen komponiert und gehört wird, sondern eine bestimmte Funktion erfüllen soll. Das Gegenteil ist »Autonome Musik«, die künstlerisch motiviert produziert wird und damit um ihrer selbst willen existiert. Streng genommen könnte man sagen, dass auch autonome Musik Funktionen hat (zum Beispiel die Funktion »Unterhaltung«), deswegen wird der Begriff »funktionale Musik« eher eng verstanden.

Hook: Markanter Ausschnitt eines Songs mit einer Länge von acht bis zwölf Sekunden und einem hohen Wiedererkennungswert. H. werden im Rahmen der Marktforschung von Radiosendern (Call-Outs, Auditorium-Tests) eingesetzt.

Jingle: Akustisches Marken- oder Erkennungszeichen (z. B. für ein Produkt, eine Marke, einen Radiosender). Oft ist der Jingle ein vertonter Slogan.

Jukebox: Automat, der nach Einwurf von Münzen Musik abspielt. Die J. war vor allem zwischen den 1940er und 1970er Jahren populär.

Kinothek: Das Kunstwort aus »Kino« und »Bibliothek« bezeichnet in der der frühen Filmmusikgeschichte eine Sammlung von Musikstücken für die Begleitung von Stummfilmen. K. wurden für den Gebrauch durch Kinomusiker veröffentlicht. In ihnen war geeignetes Notenmaterial sortiert zusammengefasst. Eine der einflussreichsten Sammlungen veröffentlichte zwischen 1919 und 1929 Giuseppe Becce, der auch den Begriff der K. prägte.

Label: Abteilung eines Tonträgerunternehmens, die ihre Musikwerke unter einem bestimmten Markennamen vertreibt. Die drei größten Tonträgerunternehmen Universal, Sony Music und Warner sind keine Musiklabels im eigentlichen Sinn (also Vertriebsabteilungen), werden aber trotzdem fachsprachlich als Major-Labels bezeichnet. Daneben gibt es zahlreiche kleinere so genannte Independent-Labels (auch: Indie-Labels; von engl. »independent« = unabhängig).

Leitmotiv: In der Musik eine Tonfolge, die eine Person oder auch etwas Dingliches oder Abstraktes (z. B. eine Handlung) symbolisiert. Ein L. kehrt mehrmals wieder und soll eine Assoziation auslösen. L. finden sich besonders häufig in Opern und Musikdramen von der Zeit der Romantik an und werden häufig in Musicals und Filmmusik verwendet.

Mickeymousing: Eine Art der Filmmusikkomposition, die lautmalerisch arbeitet. Beim M. werden Gesten und Bewegungen im Film durch entsprechende akustische Signale begleitet. Der Name kommt von der intensiven Verwendung in Cartoons. M. wird heute höchstens noch ironisch (in Cartoons, Slapstickfilmen) verwendet.

MP3: Ein 1987 am Fraunhofer Institut in Erlangen entwickeltes Dateiformat, das der Standard für die Datenreduktion bei Audiosignalen geworden ist, um sie für das Internet und den Multimediagebrauch nutzbar zu machen. Die Reduktion orientiert sich am menschlichen Hörvermögen und löscht unhörbare Frequenzbereiche.

Musikindustrie: Bezeichnung für die Gesamtheit aller Musik herstellenden und verwertenden Unternehmen in Deutschland. Die Interessen dieser Industrie werden vom Bundesverband Musikindustrie (BVMI) und dem Verband unabhängiger Musikunternehmen (VUT) vertreten.

Musikverlag: War ursprünglich verantwortlich für die Entwicklung und Drucklegung von Noten. Heute verwalten M. hauptsächlich die Autorenrechte an Musikstücken (mediale Verbreitung und Vervielfältigung). Musikverlage arbeiten hauptsächlich für Komponisten/Songwriter und Songtexter.

Peer-to-Peer: Internet-Tauschbörsen für Musik funktionieren nach dem Peer-to-Peer-Prinzip (engl. »peer« = Gleichgestellter). Dabei durchsuchen die Programme wie z. B. Napster oder Limewire die freigegebenen Ordner auf dem Computer der teilnehmenden Nutzer nach Musikdateien und stellen diese wiederum anderen Nutzern zum Download zur Verfügung.

Primetime: Von englisch »prime«, erstklassig, wesentlich und »time«, Zeit; deutsch auch Hauptsendezeit. Bezeichnet Zeiten mit hohen Einschaltquoten im Rundfunk. Diese Zeiten sind besonders attraktiv für Werbetreibende. Beim Fernsehen in Deutschland ist die Primetime die Zeit vor den Nachrichtensendungen sowie das Abendprogramm (ca. 20 bis 23 Uhr). Im Radio ist die Primetime die Zeit zwischen 6 und 9 Uhr morgens.

Prosument: Zusammengesetztes Wort, das im Medienkontext jemanden meint, der gleichzeitig *Pro*duzent und Kon*sument* von Inhalten ist. Ein Beispiel für einen Prosumenten ist ein YouTube-Nutzer, der Videos anschaut (konsumiert), aber auch selbst Videos hochlädt und Videos anderer kommentiert (also Inhalte produziert).

Rezeption: Bedeutet im kommunikationswissenschaftlichen Kontext, ein Medium aufzunehmen oder noch spezieller, eine Botschaft aus einem Medium zu empfangen. Wer die Botschaft aufnimmt, rezipiert sie und ist ein sogenannter Rezipient.

Rotation: Die Rotation eines Radioprogramms bestimmt die Frequenz, in der verschiedene Liedtitel im Radio gespielt werden. Je nach Format werden beispielsweise aktuelle Charthits oder bestimmte Genres häufiger gesendet als andere Titel.

Rundfunkbeitrag: Dient in Deutschland der Finanzierung des öffentlich-rechtlichen Rundfunks (ARD, ZDF, Deutschlandradio). Er beträgt für Privatpersonen 17,50 Euro monatlich und wird von jedem Inhaber einer Wohnung erhoben, unabhängig davon, wie viele Personen oder Rundfunkgeräte die Wohnung beherbergt. Der R. wird durch den ARD ZDF Deutschlandradio Beitragsservice eingezogen. Der Gesamtertrag aus dem R. betrug 2014 mehr als 8,3 Milliarden Euro.

Streaming: Bezeichnet die an eine Internetverbindung gebundene Wiedergabe von Audio- oder Videodateien (ohne lokale Speicherung). Im Gegensatz zum Musikdownload erwirbt ein Nutzer beim Streaming nur die einmaligen Nutzungsrechte der entsprechenden Datei.

Vinyl: Umgangssprachlich für Schallplatten; Vinyl ist das Material, aus dem seit den 1940er Jahren Schallplatten gemacht werden. Vinyl steht für Polyvinylchlorid, ein Kunststoff, der im Alltag häufiger als PVC bezeichnet wird.

Viral: Etwas, das sich »viral« verbreitet, verbreitet sich im Internet schnell und ohne größere Einwirkung des Urhebers oder Anbieters. Der Begriff kommt von der Analogie zur schnellen Verbreitung eines biologischen Virus unter Menschen oder Tieren. Wenn sich beispielsweise ein Videoclip viral verbreitet, passiert das, weil Zuschauer den Clip über soziale Netzwerke, E-Mails und andere Kanäle teilen und so einem größeren Publikum sichtbar machen, das den Clip wiederum weiterverteilt. Ein Beispiel für ein erfolgreiches virales Musikvideo ist der Clip zum Song *Gangnam Style* des südkoreanischen Rappers Psy.

V-Jay: kurz für Video Jockey (auch VJ, Vee-Jay, für Frauen auch V-Jane). Bezeichnung für einen Musikfernsehmoderator, also jemanden, der Musikvideos ansagt und vermeintlich abspielt. Die Bezeichnung ist analog gebildet zum Disc Jockey (DJ), der Platten auflegt.

Zielgruppe: Bestimmte, idealerweise genau definierte Gruppe von Menschen, die ein Unternehmen mit seinen Produkten oder Dienstleistungen erreichen möchte.

Stichwortverzeichnis

A

ABBA 20
Adebisi, Mola 74
a-ha 80
Airplay 18, 68
Alexander, Peter 20
Amado, Marijke 86
Ampya 78
Apple 4, 10, 16, 37
ARD 39
Auditorium-Test 30 ff.

B

Beatles, The 20, 27, 65
Beck's 63 f.
Bernstein, Elmer 55
Beyoncé 80
Björk 80
Bohlen, Dieter 100 f.
Bond, James 53
Boney M. 20
Bundesverband Musik-
  industrie 18, 107
Bundesvision Song Contest 85

C

Call-Out 31
CD 2, 4, 9, 36, 39, 95
Charts 16, 18 f., 29, 87, 96, 99 f., 103
Chatschaturjan, Aram 57
Chemical Brothers 80
Clarkson, Kelly 98
Cobain, Kurt 72
Cocker, Joe 63
Crosby, Stills and Nash 57

D

Deutschland sucht den Super-
  star (DSDS) 3, 87, 100
Downloads 10, 12, 15 f, 19 f., 94 f.
Duran Duran 71

E

Eisler, Hanns 55
Elfman, Danny 56
Eurovision Song Con-
  test (ESC) 3, 83 ff.

F

Fessenden, Reginald Aubrey 21
Filmmusiktechniken 44
Fischer, Helene 20
Foo Fighters 80
Formatradio 21, 24, 27
Froboess, Conny 85

G

Gorillaz 80
Grammophon 2, 8
Grand Prix Eurovision de la
    Chanson 84 f.

H

Hartz, Hans 63
Herrmann, Bernard 48
Hertel, Stefanie 85
Hitchcock, Alfred 48

I

iTunes 10, 15 f., 39

J

Jever 60
Jukebox 7 ff.

K

Kalkbrenner, Fritz 20
Kalkbrenner, Paul 20
Kaulitz, Bill 98
Klaws, Alexander 87, 102
Klischee, Instrumenten- 46, 58,
    60, 62, 72
Kompilation 95
Korngold, Erich 54
Küblböck, Daniel 87
Kuttner, Sarah 74 f.

L

Lady Gaga 78
Ligeti, György 57
LP 2, 7 ff., 21 f.

M

Makatsch, Heike 74
Medlock, Mark 98, 102
Mendelssohn-Bartholdy, Felix 46
Meyer-Landrut, Lena 98
Micky Maus 44
Mini Playback Show 86
Morricone, Ennio 49 f., 55, 57
MP3 10, 14, 76, 95
Mross Stefan 85
MTV 4, 65 ff.
Musicload 15 f.
Musikfernsehen 66, 68 f. 74 ff.
Musikkassette 4, 9 ff.

N

Napster 10 ff.
Nicole 103
Nirvana 72
No Angels 98 f.
North, Alex 57

O

OK Go 77
One Direction 77
One Republic 80
Opdenhövel, Matthias 74

P

Papathanassiou, Evangelos O. 56
Phonograph 7 f.
Playlist 30, 32, 76, 95
Pocher, Oliver 74
Prokofiew, Sergei 54
ProSiebenSat1 78

Prosument 76
Psy 77
Putpat 78

Q
Quainoo, Ivy 98, 104
Queen 60, 66

R
Raab, Stefan 74, 85
Radio 1 ff., 18, 21 ff.
  UKW- 37
  Online-Only-Webradio 37
  Internet- 37
Roche, Charlotte 74
Rózsa, Miklós 54

S
Saint-Saëns, Camille 54
Sampling 66
Schallplatte 2, 7 ff., 21 f.
Schostakowitsch, Dmitri 54
Shore, Howard 50, 56
Sparkasse 60, 64
Spears, Britney 98
Spotify 4, 5, 7, 10, 15, 37, 107
Steiner, Max 54
Strauß, Johann 57
Strauss, Richard 57
Streaming, Musikstreaming 76, 95, 106 f.
Stundenuhr 34
Swift, Taylor 80

T
Tape.tv 78
Telekom 16, 59, 64
The Voice of Germany 83 ff.
Timberlake, Justin 98

U
Umsatzzahlen der Musikwirtschaft 11 ff.

V
Valente, Caterina 20
Vangelis 56
Vevo 10
Viacom 67, 71, 74
Vinyl 11 ff.
VIVA 4, 65, 72 ff.
VJ, V-Jay 70
Volksempfänger

W
Wagner, Jasmin 86
Wagner, Richard 49 f.
Walkman 4, 9
Werbung 2, 5, 22 f., 34, 46, 55, 58, 60 ff., 93
West, Kanye 78
Wham! 20
Williams, John 41, 49 ff.

X, Y
YouTube 10, 65 ff.

Z
ZDF 39, 85
Zimmer, Hans 56

Die Songs aus den Überschriften

»Anyplace, Anywhere, Anytime« – Der Song ist die englischsprachige Version von Nenas Hit »Irgendwie, Irgendwo, Irgendwann« von 1984. »Anyplace, Anywhere, Anytime« nahm Nena im Duett mit der britischen Sängerin Kim Wilde auf und erreichte damit 2003 Platz 3 der deutschen Single-Charts und Platz 1 in Österreich und den Niederlanden.

»There's a Song on the Jukebox« – Der Song stammt vom US-amerikanischen Country-Sänger David Wills. Wills war zwischen 1975 und 1988 mit mehr als zwanzig Singles in den Top 20 der Billboard Country-Charts vertreten. »There's a Song on the Jukebox« war 1975 einer seiner ersten Erfolge.

»Radio Ga Ga« – Der 1984 erschienene Song ist eine der meistverkauften Singles von Queen. Roger Taylor, der den Song schrieb, thematisiert im Text die Bedeutung des Radios und den medialen Wandel, der sich mit dem Aufkommen von Fernsehen und Musikvideos vollzieht. Die Popsängerin Lady Gaga hat sich nach eigener Aussage nach dem Song benannt.

»Hidden Persuasion« – Frank Sinatra war ein extrem produktiver Künstler: In 54 Jahren (1939–1993) spielte er rund 1 300 Studioaufnahmen ein. Eine davon war 1960 »Hidden Persuasion«. Der Song erschien auf seinem Album *Sinatra sings … of Love and Things*.

»Video Killed the Radio Star« – Mit dem Video zu dem 1979 erschienen Song eröffnete am 1. August 1981 um 0:01 Uhr der Musikfernsehsender MTV sein Programm. Der Clip war im Februar 2000 auch das millionste auf MTV ausgestrahlte Video. Der Song war sehr erfolgreich, sollte aber der einzige Nummer-Eins-Hit der Popgruppe The Buggles bleiben.

»The Winner Takes It All« – Der Song war 1980 die erste Singleauskopplung aus dem Album *Super Trouper* der schwedischen Popgruppe ABBA. ABBA-Sängerin Agnetha Fältskog nannte den melancholischen Song später »den besten ABBA-Song überhaupt«. Mit »The Winner Takes It All« erreichte ABBA in 21 Ländern die Top 10 der Charts.

»The Show Must Go On« – Dieses Lied war im Oktober 1991 die letzte Single-Veröffentlichung von Queen vor Freddie Mercurys Tod am 24. November 1991. Der Song erschien auf dem Album *Innuendo* als zwölftes und letztes Stück und diente zugleich zur Promotion des Albums *Greatest Hits II*, auf dem der Song – wie sollte es anders sein – auch enthalten ist. Queen hatte zunächst Zweifel, ob Mercury wegen seiner fortgeschrittenen Krankheit überhaupt in der Lage sein würde, den Song einzusingen. Bei den Aufnahmen im Tonstudio trank Mercury etwas Wodka und sagte: »I'll fuckin do it, darling!« Und das Ergebnis hat ihm Recht gegeben!

Printed in the United States
By Bookmasters